HEYNE KOCHBÜCHER

Dr. Oetker

Partyrezepte

WILHELM HEYNE VERLAG
MÜNCHEN

VORWORT

Partys gibt es immer wieder. Und damit Ihre Party ein voller Erfolg wird, haben wir für Sie in diesem Buch eine interessante Auswahl der besten Partyrezepte zusammen gestellt.

Schichtsalat, Pfundstopf und Pizzasuppe werden die Herzen Ihrer Gäste höher schlagen lassen. Die Rezepte sind einfach zuzubereiten und, soweit nicht anders vermerkt, für 12 Portionen ausgerichtet.

Und wann steigt bei Ihnen die nächste Party?

KAPITELÜBERSICHT

Häppchen und Snacks
SEITE 8-23

Alles aus einem Topf
SEITE 24-37

Aus dem Ofen,
auf den Tisch
SEITE 38-51

Fleischspezialitäten

Salate, Beilagen, Dips

Der süsse Abschluss

HÄPPCHEN UND SNACKS

*TORTILLA VOM
BLECH, REZEPT
SEITE 10*

750 g KARTOFFELN
1 ROTE PAPRIKASCHOTE
1 BUND FRÜHLINGS-
ZWIEBELN
150 g ZUCCHINI
2 EL OLIVENÖL
SALZ
FRISCH GEMAHLENER
PFEFFER
14 EIER
250 ml (¼ l) SCHLAG-
SAHNE
2 EL SCHNITTLAUCH-
RÖLLCHEN

TORTILLA VOM BLECH

(FOTO SEITE 8/9)

1. Kartoffeln schälen, waschen und in dünne Scheiben schneiden. Paprikaschote halbieren, entstielen, entkernen, die weißen Scheidewände entfernen, Schote waschen und in Würfel schneiden.

2. Frühlingszwiebeln putzen, waschen und in dünne Ringe schneiden. Von den Zucchini die Enden abschneiden, Zucchini waschen und ebenfalls in dünne Scheiben schneiden.

3. Öl in einer Pfanne erhitzen. Die Kartoffeln und das Gemüse dazugeben und von allen Seiten etwa 10 Minuten goldbraun braten.

4. Mit Salz und Pfeffer bestreuen und die Kartoffel-Gemüse-Mischung in eine gefettete Fettfangschale geben.

5. Eier mit Sahne verquirlen, mit Salz und Pfeffer würzen. Schnittlauchröllchen unterrühren und den Guss über das Gemüse gießen. Die Fettfangschale in den Backofen schieben.

Ober-/Unterhitze: etwa 180 °C (vorgeheizt)
Heißluft: etwa 160 °C (nicht vorgeheizt)
Gas: Stufe 2–3 (vorgeheizt)
Backzeit: 30–40 Minuten.

DIE ZUTATEN:

15 VOLLREIFE TOMATEN
10 KNOBLAUCHZEHEN
3 ZWIEBELN
6 EL OLIVENÖL
3 TL GEREBELTER
OREGANO
SALZ
FRISCH GEMAHLENER
PFEFFER
12 SCHEIBEN HELLES
BAUERNBROT
200 ml OLIVENÖL

BRUSCHETTA *(FOTO)*

1. Tomaten kurze Zeit in kochendes Wasser legen (nicht kochen lassen), in kaltem Wasser abschrecken, enthäuten. Die Stängelansätze herausschneiden, vierteln, die Kerne entfernen, Tomaten in Würfel schneiden.

2. Knoblauchzehen und Zwiebeln abziehen, den Knoblauch in dünne Scheiben schneiden, die Zwiebeln in Würfel schneiden.

3. Olivenöl in einem Topf erhitzen, Knoblauch und Zwiebeln darin andünsten. Die Tomatenwürfel hinzufügen. Mit Oregano, Salz und Pfeffer würzen, kurz dünsten.

4. Brotscheiben halbieren, in einer Pfanne mit Olivenöl knusprig braten. Tomatenpaste auf dem Brot verteilen und sofort servieren.

Abwandlung: Tomaten nicht andünsten, mit Sardellen oder Basilikum vermengen.

DIE ZUTATEN:

3 FLADENBROTE

FÜR DIE FÜLLUNG:
750 g MAGERQUARK
1,2 kg DOPPELRAHM-
FRISCHKÄSE
12 EL MILCH
6 FRÜHLINGSZWIEBELN
450 g LACHSSCHINKEN
SALZ
FRISCH GEMAHLENER
PFEFFER
PAPRIKA EDELSÜSS
GRÜNE SALATBLÄTTER
6 TOMATEN, IN SCHEIBEN
3 KLEINE SALATGURKEN,
IN SCHEIBEN
3 ROTE PAPRIKASCHOTEN,
IN RINGEN
12 LACHSSCHINKEN-
SCHEIBEN

Tipp:
Drei hartgekochte,
gepellte, in Scheiben
geschnittene Eier mit
einschichten. Anstelle
von Lachsschinken kann
auch roher Schinken
verwendet werden.
Wenn Vegetarier zu Gast
sind, kann auch ganz
auf Schinken verzichtet
werden.

HERRENTORTE, PIKANT

1. Die Fladenbrote einmal waagerecht durchschneiden.

2. Für die Füllung Quark mit Frischkäse und Milch verrühren.

3. Die Frühlingszwiebeln putzen, waschen und in Ringe schneiden. Den Lachs-schinken fein schneiden.

4. Beide Zutaten unter die Quarkmasse rühren. Mit Salz, Pfeffer und Paprika abschmecken.

5. Je drei Esslöffel der Füllung auf die unteren Böden streichen. Mit Salatblättern, Tomatenscheiben, Gurkenscheiben und Paprikaringen belegen (etwas zum Garnie-ren zurücklassen).

6. Die restliche Quarkmasse (9 Esslöffel zum Garnieren zurücklassen) auf dem Gemüse verteilen.

7. Die oberen Böden darauf legen und die Torten mit den zurückgelassenen Zutaten und Lachsschinkenscheiben garnieren.

GOUDARÖLLCHEN AUF BROTTALERN

1. Kräuterkäse und Frischkäse in eine Schüssel geben. Zwiebeln abziehen und fein würfeln. Schinken, Gouda und Eier fein würfeln und alles mit Schnittlauchröllchen zu der Käsemasse geben. Die Masse mit Salz, Pfeffer und Curry abschmecken.

2. Von den Goudascheiben die Rinde entfernen. Die Käsemasse auf die Goudascheiben streichen. Von der kürzeren Seite her fest aufrollen, in ein genügend großes Stück Alufolie fest einwickeln und kühl stellen.

3. Die Goudarollen in etwa 1 cm dicke Scheiben schneiden und auf die dünn mit Butter bestrichenen Schwarzbrottaler legen.

Tipp:
Die Goudarollen können 1-2 Tage vor dem Verzehr vorbereitet werden.

DIE ZUTATEN:

1 PCK. (150 g) FRISCH-
KÄSE MIT KRÄUTERN
1 PCK. (200 g) FRISCH-
KÄSE
2 ZWIEBELN
50 g ROHER SCHINKEN
80 g MITTELALTER GOUDA
2 GEPELLTE, HART-
GEKOCHTE EIER
1 BUND SCHNITTLAUCH,
IN RÖLLCHEN
GESCHNITTEN
SALZ
PFEFFER
CURRYPULVER
6 GROSSE SCHEIBEN
JUNGER GOUDA
(ETWA 11 x 15 cm)
80 g BUTTER
ETWA 60 SCHWARZBROT-
TALER (Ø 4 cm)

1 STANGE PORREE (LAUCH)
1 kg TK-LACHSFILET
3 EL SPEISEÖL
375 ml (³/₈ l) SCHLAG-
SAHNE
SALZ
PFEFFER
12 BLATT WEISSE
GELATINE

FÜR DIE DILL-SENF-SAUCE:
250 g CRÈME FRAÎCHE
2 TL SENF
2 EL GEMISCHTE,
GEHACKTE KRÄUTER, Z. B.
DILL, PETERSILIE
125 ml (¹/₈ l) SCHLAG-
SAHNE

LACHSTERRINE *(FOTO)*

1. Porree putzen, halbieren, gut waschen und in kochendes Salzwasser geben. Die Porreehälften so lange kochen lassen, bis sie noch etwas Biss haben. Dann in kaltem Wasser abschrecken.

2. Eine Kastenform (25 x 11 cm) quer mit den Porreestreifen auslegen.

3. Die gut angetauten Lachsfilets kalt abspülen, trockentupfen und in große Stücke schneiden. Öl erhitzen und die Lachsstücke in dem Öl andünsten. Mit Sahne ablöschen, salzen und pfeffern. Das Ganze etwa 5 Minuten bei mittlerer Hitze zugedeckt garen. Gelatine nach Packungsanleitung einweichen.

4. Die Lachssahne pürieren, die ausgedrückte Gelatine in die noch heiße Fischmasse geben, gut verrühren, abschmecken.

5. Die Lachscreme in die Kastenform füllen und glatt streichen. Den überstehenden Porree darüber legen und etwas andrücken. Mindestens 6 Stunden kalt stellen.

6. Die Lachsterrine aus der Form lösen, mit einem elektrischen Messer in Scheiben schneiden.

7. Für die Dill-Senf-Sauce Crème fraîche mit Senf, Kräutern und Sahne verrühren, die Sauce mit Salz und Pfeffer abschmecken und zu der Terrine servieren.

12 SCHEIBEN WEISSBROT
MAYONNAISE ODER
REMOULADE
12 GEWASCHENE SALAT-
BLÄTTER
36 SCHEIBEN PUTEN-
BRUST
8 TOMATEN
SALZ
FRISCH GEMAHLENER
PFEFFER
GEMAHLENER ROSMARIN
KRESSE

PUTEN-SANDWICH

1. Weißbrot mit Mayonnaise oder Remoulade bestreichen, mit jeweils 4 Salatblättern belegen.

2. Putenbrustscheiben zur Hälfte zusammenklappen, jeweils drei auf einer Weißbrotscheibe dachziegelartig anrichten.

3. Tomaten waschen, abtrocknen, die Stängelansätze herausschneiden, die Tomaten in Scheiben schneiden, zwischen das Putenfleisch legen, mit Salz, Pfeffer und Rosmarin bestreuen und mit Mayonnaise oder Remoulade und Kresse garnieren.

DIE ZUTATEN:

12 BAGUETTE-BRÖTCHEN
5 BECHER (JE 125 g)
KRÄUTER CRÈME FRAÎCHE
5 ROTE ZWIEBELN
8 TOMATEN
1 BUND BASILIKUM
SALZ
FRISCH GEMAHLENER
PFEFFER
250 g SALAMI, IN
SCHEIBEN
250 g ROHER SCHINKEN,
IN SCHEIBEN
1,5 kg ESROM, IN
SCHEIBEN
1 BUND SCHNITTLAUCH
1 BUND GLATTE PETER-
SILIE

PARTY-BAGUETTE

1. Baguettes halbieren, die Schnittflächen mit Kräuter Crème fraîche bestreichen.

2. Zwiebeln abziehen, in dünne Scheiben schneiden und diese gleichmäßig auf den Broten verteilen.

3. Tomaten waschen, trockentupfen, halbieren, Stängelansätze herausschneiden, Tomaten in Scheiben schneiden. Basilikumblätter von den Stängeln zupfen, vorsichtig abspülen und trockentupfen.

4. Acht Baguettehälften mit Tomatenscheiben belegen, mit Salz und Pfeffer würzen, mit Basilikumblättchen (einige zum Garnieren zurücklassen) belegen.

5. Acht Baguettehälften mit Salami, die anderen acht Baguettehälften mit Schinken belegen, mit Pfeffer würzen.

6. Alle Baguettestücke gleichmäßig mit Käse belegen. Auf Backbleche legen und in den Backofen schieben.

Ober-/Unterhitze: etwa 200 °C (vorgeheizt)
Heißluft: etwa 180 °C (nicht vorgeheizt)
Gas: Stufe 3–4 (vorgeheizt)
Backzeit: 15–20 Minuten.

7. Schnittlauch und Petersilie abspülen und trockentupfen. Schnittlauch in feine Röllchen schneiden, Petersilie fein schneiden.

8. Die Salami-Baguettes mit Schnittlauch, die Schinken-Baguettes mit Petersilie und die Tomaten-Baguettes mit Basilikum bestreuen.

MARINIERTES KRÄUTERFLEISCH

DIE ZUTATEN:

700 g **SCHWEINEFILET**
700 g **ROASTBEEF**
SALZ
PFEFFER
6 EL **SPEISEÖL**

FÜR DIE MARINADE:
6 EL **ROTWEINESSIG**
3 TL **DIJON-SENF**
4 TL **ROSA PFEFFER-
BEEREN**
3 EL **GEHACKTE PETER-
SILIE**
3 EL **GEHACKTER DILL**
3 EL **GEHACKTER KERBEL**
3 EL **SCHNITTLAUCH-
RÖLLCHEN**
8 EL **SPEISEÖL**

1. Schweinefilet und Roastbeef kalt abspülen und trockentupfen. Das Filet evtl. enthäuten, das Roastbeef evtl. entfetten. Beide Fleischstücke salzen und pfeffern.

2. Öl in einem Bräter erhitzen, das Fleisch von allen Seiten darin anbraten, mit etwas Wasser ablöschen. Den Bräter auf dem Rost in den Backofen schieben.

Ober-/Unterhitze: 200–220 °C (vorgeheizt)
Heißluft: 180–200 °C (vorgeheizt)
Gas: Stufe 3–4 (vorgeheizt)
Bratzeit: Schweinefilet etwa 10 Minuten, Roastbeef etwa 25 Minuten.

3. Das Fleisch etwas abkühlen lassen, dann in ½ cm dicke Scheiben schneiden, mit dem Bratensatz in eine flache Schale geben, mit Salz und Pfeffer bestreuen.

4. Für die Marinade Essig mit Senf und Pfefferbeeren verrühren, mit Salz und Pfeffer würzen. Die Kräuter und das Öl unterrühren. Die Marinade über das Fleisch gießen, vorsichtig vermengen und mindestens 4 Stunden durchziehen lassen. Die Fleischscheiben ab und zu wenden.

5. Das Kräuterfleisch evtl. nochmals mit Salz, Pfeffer und Rotweinessig abschmecken, mit der Marinade auf einer Platte anrichten.

6 SESAMRINGE
(Ø ETWA 14 cm)
6 EL OLIVENÖL

FÜR DIE FÜLLUNG:
600 g SCHAFSKÄSE
800 g IN ÖL EINGELEGTES
GEMÜSE, Z. B. ZWIEBELN,
KNOBLAUCH, ARTI-
SCHOCKEN, SCHWARZE,
ENTKERNTE OLIVEN,
GETROCKNETE, EINGE-
LEGTE TOMATEN
200 g MASCARPONE
8 EL SCHLAGSAHNE

GEFÜLLTER SESAMRING *(FOTO)*

1. Sesamringe quer halbieren, die Schnittflächen mit etwas Olivenöl beträufeln.

2. Für die Füllung Schafskäse mit einer Gabel zerdrücken.

3. Das eingelegte Gemüse in kleine Würfel schneiden und mit Mascarpone, Sahne und dem zerdrückten Schafskäse verrühren.

4. Die Füllung auf die Ringhälften streichen und diese zusammensetzen.

Tipp:
Der Schafskäse kann auch durch Doppelrahm-Frischkäse ersetzt werden. Allerdings muss die Füllung dann mit Salz nachgewürzt werden. Nach Belieben kann die Käsecreme auch noch mit knoblauch und frischen Kräutern gewürzt werden.

500 g THUNFISCH IN ÖL
(AUS DER DOSE)
12 SCHEIBEN TOASTBROT
REMOULADE
6 GEWASCHENE SALAT-
BLÄTTER

THUNFISCH-SANDWICH

1. Thunfisch abtropfen lassen. Toastbrot mit Remoulade bestreichen.

2. Salatblätter in Streifen schneiden, die Hälfte des Salates auf 6 Toastbrotscheiben verteilen.

3. Den Thunfisch zerpflücken, auf die mit Salat belegten Toastbrotscheiben verteilen.

4. Den restlichen Salat auf den Thunfisch geben und mit den übrigen Toastbrotscheiben belegen. Die Brote diagonal durchschneiden.

Tipp:
Die Brote zusätzlich mit Tomatenachteln belegen.

DIE ZUTATEN:

400 g GEKOCHTER
SCHINKEN
400 g ROHER SCHINKEN
400 g MITTELALTER
GOUDA ODER EDAMER
250 g BUTTER
200–250 ml SCHLAG-
SAHNE
SALZ
PFEFFER
PAPRIKA EDELSÜSS
GERIEBENE MUSKATNUSS
15 BRÖTCHEN

SCHINKEN-KÄSE-BRÖTCHEN

1. Gekochten und rohen Schinken und Käse in Würfel schneiden, Butter geschmeidig rühren.

2. Schinken- und Käsewürfel und so viel Sahne unterrühren, dass eine feste, aber streichfähige Masse entsteht. Die Masse mit Salz, Pfeffer, Paprika und Muskat abschmecken.

3. Die Brötchen halbieren und mit der Schinken-Käse-Masse bestreichen. Die Brötchenhälften auf einem Backblech verteilen und in den Backofen schieben.

Ober-/Unterhitze: etwa 200 °C (vorgeheizt)
Heißluft: etwa 180 °C (nicht vorgeheizt)
Gas: Stufe 3–4 (vorgeheizt)
Backzeit: etwa 15 Minuten.

YUFKATEIGSCHALEN MIT GYROS

1. Je 2 Yufkateigplatten aufeinander legen. Aus dem Teig Kreise von 12 cm Durchmesser ausstechen und je 2 Teigstücke in mit Öl gefettete Muffinförmchen legen. Ein Stück Alufolie zusammenknüllen und in die Vertiefung geben, damit ein Hohlraum für die Schalen entsteht. Die Form auf dem Rost in den Backofen schieben.

Ober-/Unterhitze: etwa 180 °C (vorgeheizt)
Heißluft: etwa 160 °C (vorgeheizt)
Gas: etwa Stufe 3 (vorgeheizt)
Backzeit: 12–15 Minuten.

2. Die Yufkaschalen aus den Förmchen nehmen und abkühlen lassen. Mit dem restlichen Teig genau so verfahren, bis der Teig aufgebraucht ist.

3. Für die Joghurtsauce Knoblauch abziehen und zerdrücken. Joghurt mit Knoblauch und Öl verrühren, mit Salz und Pfeffer abschmecken.

4. Für die Gyrosfüllung das Fleisch portionsweise in erhitztem Öl etwa 5 Minuten anbraten.

5. Tomaten waschen, halbieren, die Stängelansätze herausschneiden, Tomaten in Würfel schneiden. Schafskäse in Würfel schneiden. Petersilie gut waschen, trockentupfen und in feine Streifen schneiden.

6. Das Gyros mit Tomaten, Käse und Petersilie vermischen, Öl unterrühren und mit Salz, Pfeffer und Oregano würzen.

7. Die Fleisch-Salat-Masse in die Yufkaschalen füllen und mit der Joghurtsauce servieren.

DIE ZUTATEN:

1 PCK. (400 g) YUFKA-TEIGPLATTEN (GIBT ES IN TÜRKISCHEN LÄDEN) ETWAS SPEISEÖL

FÜR DIE JOGHURTSAUCE:
3 KNOBLAUCHZEHEN
250 g TÜRKISCHER ODER GRIECHISCHER JOGHURT (10 %)
2 EL OLIVENÖL
SALZ, PFEFFER

FÜR DIE GYROSFÜLLUNG:
ETWA 600 g GYROS-FLEISCH (FERTIG MARINIERT)
2 EL OLIVENÖL
8 MITTELGROSSE TOMATEN
350 g SCHAFSKÄSE
2 BUND GLATTE PETERSILIE
3–4 EL OLIVENÖL
GEREBELTER OREGANO

DIE ZUTATEN:

4 KNOBLAUCHZEHEN
1 TL SALZ
2 LIMONEN
4 REIFE AVOCADOS
CHILIPULVER
FRISCH GEMAHLENER
PFEFFER
4 FLEISCHTOMATEN
2 BUND GLATTE PETER-
SILIE
3 PCK. (JE 150 g)
TORTILLA-CHIPS

TORTILLA-CHIPS MIT AVOCADO-DIP *(Foto)*

1. Knoblauch abziehen. Mit Salz fein hacken und in eine Schüssel geben. Limonen auspressen und den Saft dazugeben.

2. Avocados halbieren, aufdrehen, Kern entfernen, mit einem Löffel das Fruchtfleisch herausholen, mit einer Gabel zerkleinern, mit Chilipulver und Pfeffer würzen und zu dem Knoblauch geben.

3. Fleischtomaten kurze Zeit in kochendes Wasser legen (nicht kochen lassen), mit kaltem Wasser abschrecken, enthäuten und die Stängelansätze herausschneiden. Tomaten in kleine Würfel schneiden und unter das Avocadomus heben.

4. Petersilie abspülen, gut abtropfen lassen, dann fein hacken und mit dem Avocadomus mischen.

5. Avocado-Dip in eine Schale geben und Tortilla-Chips in einer extra Schüssel dazureichen.

Tipp:

Das Avocadomus wird nicht so schnell braun, wenn Sie den Kern der Avocado hineinlegen und erst kurz vor dem Servieren herausnehmen. Ansonsten sollte der Avocado-Dip erst kurz vor dem Verzehr zubereitet werden. Nach Belieben den Avocado-Dip in die Mitte einer runden Platte geben und Limonenscheiben darum legen.

DIE ZUTATEN:

2–3 ROTE PAPRIKA-
SCHOTEN
250 g MOZZARELLA
2 BUND SCHNITTLAUCH
2 kg THÜRINGER METT
2 TL SENF
PAPRIKA EDELSÜSS
3 EL OLIVENÖL

FLEISCHBÄLLCHEN VOM BLECH

1. Paprika halbieren, entstielen, entkernen, die weißen Scheidewände entfernen, Schoten waschen und in feine Würfel schneiden. Mozzarella abtropfen lassen und fein würfeln. Schnittlauch abspülen, trockentupfen und in feine Röllchen schneiden.

2. Thüringer Mett in eine große Schüssel geben. Die 3 Zutaten zusammen mit Senf und Paprika hinzufügen und vermengen.

3. Aus dem Fleischteig etwa walnussgroße Bällchen formen und diese auf ein mit Olivenöl gefettetes Backblech legen. Das Backblech in den Backofen schieben.

Ober-/Unterhitze: etwa 250 °C (vorgeheizt)
Heißluft: etwa 230 °C (nicht vorgeheizt)
Gas: etwa Stufe 5 (vorgeheizt)
Backzeit: 20–25 Minuten.

ALLES AUS EINEM TOPF

LUMPENSUPPE,
REZEPT SEITE 26

DIE ZUTATEN:

1 kg RINDERGULASCH
5 EL SPEISEÖL
1 kg ZWIEBELN
2 EL PAPRIKA EDELSÜSS
2 EL WEIZENMEHL
1 l FLEISCHBRÜHE
1 DOSE (400 ml)
GULASCHSUPPE
1 GLAS (420 g) ERBSEN
UND MÖHREN
1 GLAS (315 g) CHAMPIG-
NONS, IN SCHEIBEN
1 GLAS (450 g) TOMATEN-
PAPRIKA, IN STREIFEN
1 GLAS (450 g) PREISEL-
BEEREN
250 g TOMATEN-KETCHUP
SALZ, PFEFFER

LUMPENSUPPE *(FOTO SEITE 24/25)*

1. Gulasch in 1 x 1 cm große Würfel schneiden und portionsweise in heißem Öl kräftig anbraten.

2. Zwiebeln abziehen, in feine Würfel schneiden und ebenfalls anbraten. Mit Paprika und Mehl abstäuben, kurz anrösten.

3. Mit Brühe auffüllen, aufkochen lassen und bei schwacher Hitze etwa 45 Minuten köcheln lassen.

4. Gulaschsuppe, Erbsen und Möhren, Champignons, Tomatenpaprika und Preiselbeeren (mit dem Saft) zum Gulasch geben, unter Rühren aufkochen lassen. Ketchup unterrühren.

5. Die Suppe mit Paprika, Salz und Pfeffer würzen.

DIE ZUTATEN:

1½ kg SCHNITZELFLEISCH
SALZ, PFEFFER
GEKÖRNTE FLEISCHBRÜHE
6 ZWIEBELN
2 GLÄSER CHAMPIGNONS
IN SCHEIBEN (JE 530 g)
2 GLÄSER TOMATEN-
PAPRIKA (JE 165 g)
1 PCK. (500 g) TK-ERBSEN
1 GROSSE DOSE ANANAS-
STÜCKE (490 g)
2 GLÄSER CHILISAUCE
(FONDUESAUCE, JE
ETWA 320 g)
1 l SCHLAGSAHNE
½ FLASCHE (225 g)
SCHARFER CURRY-
KETCHUP
750 ml (¾ l) WASSER

OFENSUPPE *(FOTO)*

1. Schnitzelfleisch kalt abspülen, trockentupfen und in Würfel schneiden. Das Fleisch in einen ofenfesten, großen Topf geben. Mit Salz, Pfeffer und Fleischbrühe würzen.

2. Zwiebeln abziehen, in Würfel schneiden und zum Fleisch geben. Champignons mit der Flüssigkeit, den abgetropften Tomatenpaprikastreifen und tiefgefrorene Erbsen hinzufügen.

3. Ananasstücke abtropfen lassen, die Stücke evtl. kleiner schneiden, zusammen mit der Chilisauce, Sahne und Curryketchup auffüllen. Zum Schluss Wasser hinzufügen, so dass die Suppe bedeckt ist, etwas umrühren. Den Topf zugedeckt auf dem Rost in den Backofen schieben.

Ober-/Unterhitze: etwa 200 °C (vorgeheizt)
Heißluft: etwa 180 °C (nicht vorgeheizt)
Gas: Stufe 3–4 (vorgeheizt)
Backzeit: etwa 1½ Stunden.

4. Zwischendurch die Ofensuppe umrühren, evtl. etwas Wasser hinzufügen.

DIE ZUTATEN:

6 EL SPEISEÖL
1½ kg GEHACKTES (HALB
RIND-, HALB SCHWEINE-
FLEISCH)
SALZ
PFEFFER
6 STANGEN PORREE
(LAUCH)
2 l FLEISCHBRÜHE
2 GLÄSER (JE 470 g)
CHAMPIGNONS
300 g SAHNE- UND
KRÄUTERSCHMELZKÄSE

KÄSE-PORREE-SUPPE

1. Öl erhitzen, das Gehackte darin anbraten, dabei die Fleischklümpchen mit einer Gabel zerdrücken, mit Salz und Pfeffer würzen.

2. Porree putzen, waschen, in feine Ringe schneiden, hinzufügen und mit der Brühe auffüllen, etwa 15 Minuten garen, die Pilze zufügen.

3. Käse unterrühren und schmelzen lassen. Suppe mit Salz, Pfeffer abschmecken.

Tipp:
Die Suppe ohne Hackfleisch zubereiten, dann mehr Schmelzkäse verwenden.

Präsidentensuppe

1. Zwiebeln und Knoblauch abziehen, Zwiebeln grob, Knoblauch fein würfeln und beides in Öl andünsten. Gehacktes hinzufügen und gut anbraten. Evtl. vorhandene Klümpchen mit einer Gabel zerdrücken.

2. Sauerkraut auseinander zupfen, hinzufügen, Tomatenmark, -saft, Fleischbrühe, Paprika, Kümmel, Salz und Pfeffer dazugeben, aufkochen und bei schwacher Hitze etwa 30 Minuten kochen lassen.

3. Die Suppe mit Tabasco und den Gewürzen abschmecken. Gewürzgurken in feine Scheiben schneiden und hinzufügen.

4. Petersilie abspülen, trockentupfen und fein hacken. Die Suppe in Suppentassen oder -teller füllen, auf jede Portion etwas saure Sahne und Petersilie geben.

DIE ZUTATEN:

3 GROSSE ZWIEBELN
2 KNOBLAUCHZEHEN
6 EL SPEISEÖL
1 kg GEHACKTES (HALB RIND-, HALB SCHWEINE-FLEISCH)
1 DOSE SAUERKRAUT (770 g ABTROPF-GEWICHT)
1 DOSE (140 g) TOMATENMARK
1 l TOMATENSAFT
1 l FLEISCHBRÜHE
PAPRIKA EDELSÜSS
GEMAHLENER KÜMMEL
SALZ, PFEFFER
TABASCO
8–10 GEWÜRZGURKEN
1 BUND PETERSILIE
300 g SAURE SAHNE

500 g RINDFLEISCH

500 g SCHWEINEFLEISCH

500 g HACKFLEISCH
(HALB RIND-, HALB
SCHWEINEFLEISCH)

500 g METT

SALZ, PFEFFER

500 g DURCHWACHSENER
SPECK

500 g ZWIEBELN

1 DOSE (800 g) TOMATEN

500 g ROTE PAPRIKA-
SCHOTEN

500 g GRÜNE PAPRIKA-
SCHOTEN

250 ml (¼ l) ZIGEUNER-
SAUCE (FERTIGPRODUKT)

250 ml (¼ l) FLEISCH-
BRÜHE

PFUNDSTOPF (FOTO)

1. Rind- und Schweinefleisch unter fließendem kalten Wasser abspülen, trockentupfen. Das Fleisch würfeln und in eine große, gefettete Auflaufform geben.

2. Hackfleisch und Mett mit Salz und Pfeffer abschmecken, kleine Bällchen formen und in die Auflaufform geben.

3. Speck in kleine Würfel schneiden. Zwiebeln abziehen und fein würfeln. Tomaten etwas zerkleinern. Zwiebelwürfel, Tomaten und Tomatensaft in die Auflaufform geben.

4. Rote und grüne Paprikaschoten halbieren, entstielen, entkernen, die weißen Scheidewände entfernen, Schoten waschen und in Streifen schneiden. Paprikastreifen in die Auflaufform geben.

5. Zigeunersauce und die heiße Fleischbrühe zuletzt über den Pfundstopf geben, alles durchmengen, abdecken und auf dem Rost in den Backofen schieben.

Ober-/Unterhitze: etwa 200 °C (vorgeheizt)
Heißluft: etwa 180 °C (nicht vorgeheizt)
Gas: etwa Stufe 4 (vorgeheizt)
Garzeit: etwa 2 Stunden.

500 g ZWIEBELN

1 kg RINDFLEISCH

500 g SCHWEINEFLEISCH

1 kg PAPRIKASCHOTEN

1 kg TOMATEN

8 EL SPEISEÖL

4 EL TOMATENMARK

2 EL PAPRIKA MILD

2 TL PAPRIKA SCHARF

2 l FLEISCHBRÜHE

250 ml (¼ l) SCHLAG-
SAHNE

SALZ

CAYENNEPFEFFER

PARTY-GULASCHSUPPE

1. Zwiebeln abziehen, würfeln. Das Fleisch unter fließendem kalten Wasser abspülen, trockentupfen, in kleine Würfel schneiden.

2. Paprikaschoten halbieren, entkernen, entstielen, die weißen Scheidewände entfernen, Paprika in Streifen schneiden. Tomaten kurze Zeit in kochendes Wasser legen (nicht kochen lassen), in kaltem Wasser abschrecken, enthäuten, die Stängelansätze herausschneiden, entkernen, Tomaten vierteln.

3. Öl erhitzen, Zwiebeln darin andünsten. Das Fleisch hinzufügen und portionsweise darin anbraten.

4. Dann Paprikastreifen, Tomaten, Tomatenmark und Paprikapulver hinzufügen. Alles kurz durchschmoren. Die Brühe hinzugeben und etwa 60 Minuten bei schwacher Hitze kochen lassen.

5. Die Sahne unterrühren, die Suppe mit den Gewürzen abschmecken.

1½ kg SCHWEINE-
SCHNITZEL
2–3 KNOBLAUCHZEHEN
6 EL SPEISEÖL
2 EL GYROS-GEWÜRZSALZ
600 ml SCHLAGSAHNE
4 GROSSE ZWIEBELN
JE 3 ROTE UND GRÜNE
PAPRIKASCHOTEN
4 EL OLIVENÖL
2 BEUTEL ZWIEBEL-
SUPPENPULVER
1 l WASSER
1 GLAS (500 ml) ZIGEU-
NER- ODER CHILISAUCE
175 g SCHMELZKÄSE
SALZ
FRISCH GEMAHLENER
PFEFFER
1–2 TL THYMIAN

GYROSSUPPE

1. Schweineschnitzel unter fließendem kalten Wasser abspülen und trockentupfen. Das Fleisch in nicht allzu lange Streifen schneiden.

2. Knoblauch abziehen, durch die Presse drücken und zusammen mit Öl und dem Gyros-Gewürzsalz zum Fleisch geben, gut durchrühren, 2–3 Stunden marinieren.

3. Das Fleisch portionsweise in einer Pfanne von allen Seiten anbraten und dann in eine große Form geben.

4. Sahne über das Fleisch gießen, die Form zugedeckt und kühl gestellt über Nacht marinieren.

5. Zwiebeln abziehen, halbieren und in Scheiben schneiden. Paprika halbieren, entstielen, entkernen, die weißen Scheidewände entfernen, Schoten waschen und in Streifen schneiden. Beide Zutaten in Öl andünsten.

6. Das Zwiebelsuppenpulver und Wasser hinzufügen, zum Kochen bringen und etwa 10 Minuten kochen lassen.

7. Zigeuner- oder Chilisauce, Schmelzkäse und das marinierte Fleisch in die Suppe geben und unter Rühren zum Kochen bringen, bis der Käse sich gut aufgelöst hat.

8. Die Gyrossuppe mit Salz, Pfeffer und Thymian abschmecken.

FEUERBOHNENTOPF

1. Das Öl in einem großen Topf erhitzen. Das Hackfleisch darin anbraten. Zwiebeln abziehen, fein würfeln. Paprikaschoten halbieren, entstielen, entkernen, die weißen Scheidewände entfernen, die Schoten waschen und in Streifen schneiden.

2. Zwiebelwürfel und Paprikastreifen hinzufügen, etwa 10 Minuten schmoren lassen, dabei öfters umrühren. Das Tomatenmark hinzufügen, umrühren. Dann die Gemüsebrühe dazugeben.

3. Zum Kochen bringen und etwa 10 Minuten garen. Die Bohnen abtropfen lassen. Zusammen mit dem Mais und der Chilisauce zu der Suppe geben. Aufkochen lassen, mit Salz und Pfeffer abschmecken.

Beilage: Stangenweißbrot.

DIE ZUTATEN:

7 EL SPEISEÖL
1,2 kg HACKFLEISCH
(HALB RIND-, HALB
SCHWEINEFLEISCH)
4 GROSSE ZWIEBELN
2 GELBE PAPRIKASCHOTEN
2 ROTE PAPRIKASCHOTEN
1 GRÜNE PAPRIKASCHOTE
5 EL TOMATENMARK
750 ml (¾ l) GEMÜSE-
BRÜHE
2 DOSEN (JE 255 g)
ROTE BOHNEN
1 DOSE (425 g) GEMÜSE-
MAIS
300 ml CHILISAUCE
SALZ, PFEFFER

DIE ZUTATEN:

3 DOSEN (JE 800 g)
GESCHÄLTE TOMATEN
3 GELBE PAPRIKASCHOTEN
2 STANGEN PORREE
(LAUCH)
750 ml (³/₄ l) GEMÜSE-
BRÜHE
1 GLAS (540 g) CHAMPIG-
NONS, IN SCHEIBEN
250 g KRÄUTER-
SCHMELZKÄSE ODER
KRÄUTERFRISCHKÄSE
SALZ
PFEFFER
GEREBELTER OREGANO
¹/₂ BUND FRISCHES
BASILIKUM

PIZZA-SUPPE *(FOTO)*

1. Tomaten mit der Flüssigkeit in einen großen Topf geben, pürieren und durch ein Sieb streichen.

2. Paprika halbieren, entstielen, entkernen, die weißen Scheidewände entfernen, Schoten waschen und in Streifen schneiden. Porree putzen, halbieren, waschen und in dünne Ringe schneiden.

3. Paprikastreifen und Porreeringe zu den Tomaten geben und 10–15 Minuten köcheln lassen.

4. Brühe und Champignons hinzufügen und aufkochen lassen.

5. Kräuterschmelzkäse oder Kräuterfrischkäse mit etwas Suppe glatt rühren, dann unter die restliche Suppe rühren, erwärmen und abschmecken. Die Suppe darf nicht mehr kochen.

6. Basilikumblättchen abspülen, trockentupfen und auf die Suppe streuen.

DIE ZUTATEN:

3 GEMÜSEZWIEBELN
3 KNOBLAUCHZEHEN
900 g SCHWEINEMETT
3 EL SPEISEÖL
2¹/₂ l HÜHNERBRÜHE
800 g KARTOFFELN
1 BUND MÖHREN
300 g KNOLLENSELLERIE
2 STANGEN PORREE
(LAUCH)
250 g CRÈME FRAÎCHE
200 g GERIEBENER
EMMENTALER
1 ZWEIG LIEBSTÖCKEL
GYROS-GEWÜRZSALZ
PFEFFER

KARTOFFEL-PORREE-SUPPE

1. Zwiebeln und Knoblauch abziehen, in feine Würfel schneiden. Beide Zutaten und das Mett in dem erhitzten Öl in einem Topf anbraten. Das Mett mit Brühe ablöschen und aufkochen lassen.

2. Kartoffeln schälen, waschen und in 1 x 1 cm große Würfel schneiden. Möhren und Sellerie putzen, schälen, waschen, Sellerie ebenfalls in 1 x 1 cm große Würfel schneiden, Möhren in Scheiben schneiden.

3. Das Gemüse in die Brühe geben und etwa 12 Minuten köcheln lassen.

4. Porree putzen, halbieren, waschen und feine Ringe schneiden. Porree zusammen mit Crème fraîche und Käse in die Suppe geben.

5. Liebstöckel abspülen, trockentupfen, klein schneiden und in die Suppe geben. Mit Gyros-Gewürzsalz und Pfeffer abschmecken.

DIE ZUTATEN:

1½ kg SCHNITZELFLEISCH
7 EL SPEISEÖL
3 ROTE PAPRIKASCHOTEN
2 GRÜNE PAPRIKASCHOTEN
1 GLAS (190 g) SILBER-
ZWIEBELN
2 GLÄSER (JE 170 g)
CHAMPIGNONS
1 DOSE (560 g) ANANAS-
STÜCKE, MIT SAFT
200 ml CHILISAUCE
2 TL PAPRIKA EDELSÜSS
4 EL TOMATENMARK
250 ml (¼ l) WASSER
ODER GEMÜSEBRÜHE
2 SPRITZER TABASCO
ETWAS CAYENNEPFEFFER
SALZ, PFEFFER
1 PRISE ZUCKER
2 BECHER (JE 150 g)
SAURE SAHNE

FEUERTOPF, SCHARF-SÜSS

1. Fleisch unter fließendem kalten Wasser abspülen, trockentupfen und in Streifen schneiden.

2. Speiseöl in einem großen Topf erhitzen und das Fleisch darin portionsweise anbraten.

3. Paprikaschoten halbieren, entstielen, entkernen, die weißen Scheidewände entfernen, die Schoten waschen und in Streifen schneiden. Paprikastreifen hinzugeben und etwa 10 Minuten mitschmoren.

4. Silberzwiebeln und Champignons abtropfen lassen und zu dem Fleisch geben.

5. Ananasstücke mit Saft, Chilisauce, Paprika, Tomatenmark und Wasser oder Gemüsebrühe hinzugeben, zum Kochen bringen und alles etwa 15 Minuten schmoren.

6. Mit Tabasco und Cayennepfeffer würzen, mit Salz, Pfeffer und etwas Zucker abschmecken. Zum Schluss die saure Sahne unterrühren.

MITTERNACHTSSUPPE

1. Das Fleisch unter fließendem kalten Wasser abspülen, abtrocknen, in Würfel schneiden. Schmalz zerlassen, das Fleisch von allen Seiten gut darin anbraten.

2. Mit Salz, Pfeffer, Zucker, Paprika, Tabasco, Cayennepfeffer und Madeira würzen. Brühe hinzugießen, zum Kochen bringen, etwa 1½ Stunden kochen lassen.

3. Zwiebeln abziehen, halbieren, in Streifen schneiden. Porree putzen, waschen, in schmale Ringe schneiden, eventuell nochmals waschen.

4. Paprikaschoten vierteln, entstielen, entkernen, die weißen Scheidewände entfernen, die Schoten waschen. Sellerie putzen, schälen, waschen. Möhren putzen, schälen, waschen.

5. Paprika, Sellerie und Möhren in Streifen schneiden. Alle Gemüsezutaten in die Suppe geben und noch 30 Minuten ziehen lassen.

7. 10 Minuten vor Beendigung der Garzeit Bohnenkerne mit der Flüssigkeit hinzufügen. Die Suppe mit den Gewürzen abschmecken.

Beilage: Frisches Baguette.

DIE ZUTATEN:

- 350 g RINDFLEISCH
- 350 g SCHWEINEFLEISCH
- 75 g SCHWEINESCHMALZ
- SALZ
- FRISCH GEMAHLENER PFEFFER
- 1 PRISE ZUCKER
- 1 EL PAPRIKA EXTRA SCHARF
- 2 EL TABASCO
- 2 TL CAYENNEPFEFFER
- 6 EL MADEIRA
- 2½ l FLEISCHBRÜHE
- 400 g ZWIEBELN
- 2 STANGEN PORREE (LAUCH)
- 2 ROTE PAPRIKASCHOTEN
- 1 STÜCK KNOLLEN-SELLERIE (ETWA 250 g)
- 2 MÖHREN
- 425 g ROTE BOHNENKERNE (AUS DER DOSE)
- 425 g WEISSE BOHNEN-KERNE (AUS DER DOSE)

Tipp:
Die Suppe kann portionsweise eingefroren werden.
Die Suppe kann nicht nur zu Mitternacht serviert werden.

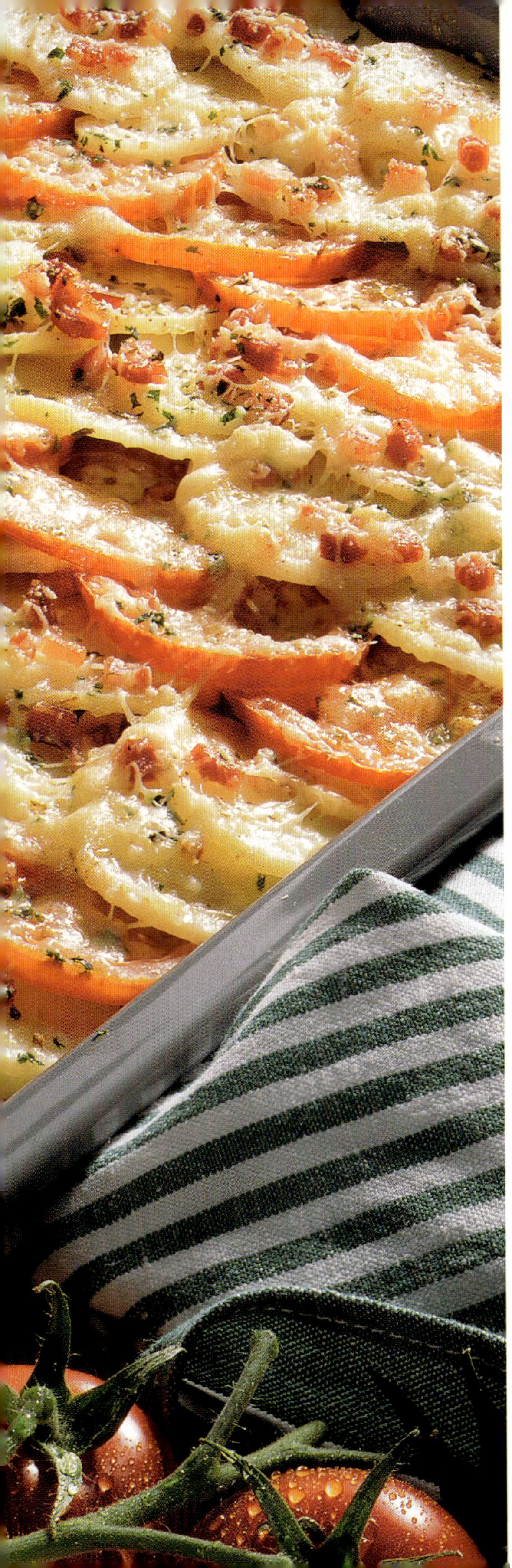

Aus dem Ofen, Auf den Tisch

Kartoffel-
Tomaten-Pizza,
Rezept Seite 40

2 kg GEGARTE PELL-
KARTOFFELN
1½ kg TOMATEN
300 g DURCHWACHSENER
SPECK
1 TL GEREBELTER OREGANO
2 EL GEHACKTE PETER-
SILIE
2 ABGEZOGENE, ZERDRÜCKTE
KNOBLAUCHZEHEN
SALZ
FRISCH GEMAHLENER
PFEFFER
250 g GERIEBENER KÄSE

KARTOFFEL-TOMATEN-PIZZA *(FOTO SEITE 38/39)*

1. Kartoffeln pellen und in Scheiben schneiden. Tomaten waschen, halbieren, Stängelansätze herausschneiden. Tomaten in Scheiben schneiden und mit den Kartoffelscheiben fächerartig in eine gefettete Fettfangschale schichten.

2. Speck in kleine Würfel schneiden, auslassen und über das Gemüse streuen.

3. Oregano, Petersilie, Knoblauch, Salz und Pfeffer vermischen, die Pizza damit bestreuen. Die Kartoffel-Tomaten-Pizza gleichmäßig mit Käse bestreuen und die Fettfangschale in den Backofen schieben.

Ober-/Unterhitze: 200–220 °C (vorgeheizt)
Heißluft: 180–200 °C (nicht vorgeheizt)
Gas: Stufe 4–5 (vorgeheizt)
Backzeit: etwa 25 Minuten.

4. Die Kartoffel-Tomaten-Pizza in Stücke teilen, sofort servieren.

300 g GETROCKNETE,
SCHWARZE BOHNEN
ETWA 500 g ROTE BOHNEN
(AUS DER DOSE)
1 DOSE GEMÜSEMAIS
(ABTROPFGEWICHT 340 g)
JE 2 GRÜNE UND ROTE
PAPRIKASCHOTEN
1 kg PUTENBRUSTFILET
5 EL SPEISEÖL
300 g SAURE SAHNE
250 ml (¼ l) MILCH
3 EIER
SALZ, PFEFFER
ROSENPAPRIKA
CHILIPFEFFER
250 g GROB ZERBRÖSELTE
TACOKRÄCKER

TACOAUFLAUF *(FOTO)*

1. Die getrockneten Bohnen über Nacht in Wasser einweichen. In kochendem Wasser 30–40 Minuten weich kochen. Zusammen mit roten Bohnen und Mais auf ein Sieb geben und gut abtropfen lassen.

2. Paprika waschen, halbieren, entkernen, weiße Scheidewände entfernen und Paprika in Streifen schneiden.

3. Putenbrust unter fließendem kalten Wasser abspülen, trockentupfen, in Streifen schneiden und portionsweise in erhitztem Öl anbraten. Mit Mais, Bohnen und Paprikastreifen vermischen.

4. Saure Sahne, Milch und Eier verquirlen, mit Salz, Pfeffer, Rosenpaprika und Chilipfeffer würzen. Gemüse und Fleisch in eine gefettete, große Auflaufform oder Fettfangschale schichten, mit der Eiermilch übergießen und die Form auf dem Rost (oder die Fettfangschale) in den Backofen schieben.

Ober-/Unterhitze: 180–200 °C (vorgeheizt)
Heißluft: 160–180 °C (nicht vorgeheizt)
Gas: Stufe 3–4 (vorgeheizt)
Garzeit: etwa 30–45 Minuten, je nach Größe der Form.

5. Den Auflauf kurz vor Beendigung der Garzeit mit Tacokräckern bestreuen.

DIE ZUTATEN:

4 KNOBLAUCHZEHEN
5 ZWIEBELN
JE 2 ROTE UND GELBE
PAPRIKASCHOTEN
2–3 ROTE CHILISCHOTEN
5 STANGEN STAUDEN-
SELLERIE
4 EL OLIVENÖL
1 DOSE (285 g) GEMÜSE-
MAIS
1 DOSE (250 g) KIDNEY-
BOHNEN
250 ml (¼ l) GEMÜSE-
BRÜHE ODER -FOND
750 g TOMATEN-KETCHUP
SALZ
FRISCH GEMAHLENER
PFEFFER
CHILIPULVER
12 SCHWEINESCHNITZEL
(JE 120 g)
200 g GERASPELTER
EDAMER
1 BUND GLATTE PETER-
SILIE

Tipp:
Statt Schweinefleisch
kann auch Hähnchen-
brustfilet oder Puten-
schnitzel verwendet
werden. Die Backzeit
beträgt dann nur
60 Minuten.

MEXIKANISCHE SCHNITZELPFANNE

1. Knoblauch und Zwiebeln abziehen, Zwiebeln in feine Scheiben schneiden und Knoblauch fein hacken.

2. Paprika halbieren, entstielen, entkernen, die weißen Scheidewände entfernen, Schoten waschen und in Streifen schneiden. Chili entstielen, halbieren, entkernen, waschen und in feine Würfel schneiden. Sellerie putzen, harte Außenfäden abziehen, Stangen waschen und in Scheiben schneiden.

3. Öl erhitzen, Knoblauch und Zwiebeln darin andünsten. Paprika, Chili, Sellerie, Mais, Bohnen, Brühe oder Fond und Ketchup zu den Zwiebeln geben. Mit Salz, Pfeffer und Chilipulver würzen und gut vermischen.

4. Schnitzel unter fließendem kalten Wasser abspülen, trockentupfen, in die Fett-pfanne oder einen großen Bräter schichten, das Gemüse auf dem Fleisch verteilen und mit Käse überstreuen. Die Schnitzel mindestens 3 Stunden ruhen lassen.

5. Die Fettpfanne oder den Bräter in den Backofen, 2. Schiene von unten, schieben.

Ober-/Unterhitze: etwa 180 °C (vorgeheizt)
Heißluft: etwa 160 °C (nicht vorgeheizt)
Gas: Stufe 2–3 (vorgeheizt)
Backzeit: etwa 90 Minuten.

6. Petersilie abspülen, trockentupfen, Blätter von den Stängeln zupfen und klein schneiden. Die Petersilie vor dem Servieren über die Schnitzelpfanne streuen.

Beilage: Reis.

KARTOFFEL-MATJES-AUFLAUF

DIE ZUTATEN:

2 kg PELLKARTOFFELN,
AM VORTAG GEKOCHT

6 ZWIEBELN

200 g DURCHWACHSENER
SPECK

12 MATJESFILETS

2 BUND DILL

4 EL SPEISEÖL

SALZ

PFEFFER

500 ml (½ l) SCHLAG-
SAHNE

1. Kartoffeln pellen, in Scheiben schneiden. Zwiebeln abziehen und fein würfeln. Den Speck würfeln. Matjesfilets quer in Streifen schneiden. Den Dill abspülen, trockentupfen und fein hacken.

2. Öl in einer Pfanne erhitzen, den Speck und die Zwiebeln darin glasig dünsten.

3. Eine große, feuerfeste Form oder Fettfangschale einfetten. Die Hälfte der Kartoffeln und der Zwiebelmischung in die Form füllen, die Matjesstreifen darüber verteilen und mit dem Dill bestreuen.

4. Die restlichen Kartoffeln und den Rest der Zwiebelmischung darüber geben, leicht salzen und pfeffern. Den Auflauf mit der Sahne übergießen.

Ober-/Unterhitze: etwa 200 °C (vorgeheizt)
Heißluft: etwa 180 °C (nicht vorgeheizt)
Gas: etwa Stufe 4 (vorgeheizt)
Backzeit: etwa 45 Minuten.

HACKFLEISCH-PIZZA

1. Brötchen in kaltem Wasser einweichen. Zwiebeln und Knoblauch abziehen und fein würfeln.

2. Gehacktes in eine große Schüssel geben, mit dem gut ausgedrückten Brötchen, Zwiebel- und Knoblauchwürfeln, Eiern, Salz, Pfeffer und Oregano gut mischen.

3. Schafskäse in Würfel schneiden. Von der Zucchini die Enden abschneiden, Zucchini putzen, waschen und grob raspeln. Möhren putzen, schälen, waschen und ebenfalls grob raspeln.

4. Die 3 Zutaten unter die Hackfleischmasse geben und gut verkneten. Den Hackfleischteig in einer gefetteten Fettfangschale verteilen und glatt streichen.

5. Die Zigeunersauce auf das Hackfleisch streichen, Champignons auf einem Sieb abtropfen lassen und dann auf der Hackfleisch-Pizza verteilen.

6. Tomaten kurze Zeit in kochendes Wasser legen (nicht kochen lassen), mit kaltem Wasser abschrecken, enthäuten, Stängelansätze herausschneiden, Tomaten in Scheiben schneiden und auf der Pizza verteilen.

7. Paprika waschen, die Stängelansätze herausschneiden, die Paprikaschoten in Ringe schneiden, dabei das Kerngehäuse herausschneiden. Die Paprikaringe auf die Tomatenscheiben legen. Mit Salz, Pfeffer und Oregano bestreuen. Die Fettfangschale in den Backofen schieben.

Ober-/Unterhitze: etwa 200 °C (vorgeheizt)
Heißluft: etwa 180 °C (nicht vorgeheizt)
Gas: Stufe 3–4 (vorgeheizt)
Backzeit: etwa 50 Minuten.

8. Mozzarella abtropfen lassen, in Scheiben schneiden. Nach der Hälfte der Backzeit je 1 Scheibe in einen Paprikaring legen und den geriebenen Pizzakäse in die Zwischenräume der Tomaten streuen.

Tipp:
Es können nach Belieben statt Zucchini und Möhren auch Paprikawürfel, Mais oder nur Schafskäsewürfel in den Hackfleischteig gegeben werden.

DIE ZUTATEN:

FÜR DEN TEIG:
500 g WEIZENMEHL
2 EIGELB
1 PRISE SALZ
8 EL WASSER
250 g BUTTER

FÜR DEN BELAG:
200 g GOUDA
250 g DURCHWACHSENER
SPECK
1 EL BUTTERSCHMALZ
8 EIER
500 ml (½ l) SCHLAG-
SAHNE
SALZ
FRISCH GEMAHLENER
PFEFFER
GERIEBENE MUSKATNUSS

QUICHE LORRAINE VOM BLECH

1. Für den Teig Mehl in eine Rührschüssel sieben. Eigelb, Salz, Wasser und Butter hinzufügen.

2. Die Zutaten mit Handrührgerät mit Knethaken zunächst kurz auf niedrigster, dann auf höchster Stufe gut durcharbeiten. Auf der Arbeitsfläche zu einem glatten Teig verkneten.

3. Den Teig auf einem gefetteten Backblech ausrollen, am Rand etwas hochdrücken, so dass ein etwa 2 cm hoher Rand entsteht. Den Teigboden mehrmals mit einer Gabel einstechen. Backblech in den Backofen schieben.

Ober-/Unterhitze: 200–220 °C (vorgeheizt)
Heißluft: 180–200 °C (nicht vorgeheizt)
Gas: Stufe 4–5 (vorgeheizt)
Backzeit: etwa 15 Minuten.

4. Für den Belag Gouda in feine Streifen schneiden. Speck würfeln, in Butterschmalz andünsten und abkühlen lassen.

5. Käse, Eier und Sahne verrühren, mit Salz, Pfeffer und Muskat würzen.

6. Den Belag auf dem vorgebackenen Boden verteilen und bei gleicher Backofentemperatur in etwa 25 Minuten fertig backen.

BERLINER BULETTENAUFLAUF

1. Zwiebeln abziehen und fein würfeln. Hackfleisch mit Zwiebelwürfeln, Eiern und Semmelbröseln gut vermischen und mit Salz und Pfeffer würzen.

2. Die Hackfleischmasse zu 24 Buletten formen und diese in erhitztem Öl rundherum etwa 6 Minuten anbraten.

3. Eine große Auflaufform oder Fettfangschale einfetten. Die gegarten Kartoffeln pellen, je nach Größe halbieren oder vierteln und zusammen mit den Buletten und den gewaschenen Cocktailtomaten in der Auflaufform oder Fettfangschale verteilen.

4. Schnittlauch abspülen, trockentupfen und in Röllchen schneiden. Crème fraîche, Sahne, Eier, Salz, Pfeffer, Paprika und Schnittlauch verrühren, über das Fleisch und den Kartoffeln verteilen, mit Käse bestreuen und die Form auf dem Rost (oder die Fettfangschale) in den Backofen schieben.

Ober-/Unterhitze: etwa 180 °C (vorgeheizt)
Heißluft: etwa 160 °C (nicht vorgeheizt)
Gas: Stufe 2–3 (vorgeheizt)
Backzeit: etwa 35 Minuten.

DIE ZUTATEN:

600 g GELBE UND GRÜNE BANDNUDELN

3 l KOCHENDES SALZWASSER

2 kg FLEISCHTOMATEN

750 g GEKOCHTER SCHINKEN (IM STÜCK)

8 EIER

500 ml (½ l) SCHLAGSAHNE

SALZ

FRISCH GEMAHLENER PFEFFER

1 BUND SCHNITTLAUCH

1 BUND GLATTE PETERSILIE

4 PCK. (JE 200 g) FRÜHLINGSQUARK

LANDFRAUEN-AUFLAUF MIT FRÜHLINGSQUARK *(FOTO)*

1. Nudeln in kochendes Salzwasser geben, zum Kochen bringen, nach Packungsanleitung kochen, auf ein Sieb geben, mit kaltem Wasser übergießen, abtropfen lassen.

2. Tomaten kurze Zeit in kochendes Wasser legen (nicht kochen lassen), in kaltem Wasser abschrecken, enthäuten, die Stängelansätze herausschneiden, die Tomaten in Scheiben schneiden.

3. Schinken in Würfel schneiden. Eier mit Sahne verschlagen, mit Salz, Pfeffer würzen. Die Kräuter abspülen, trockentupfen, fein schneiden bzw. hacken.

4. Eine große, flache, feuerfeste Form oder Fettfangschale ausfetten. Eine Schicht Tomatenscheiben hineingeben, mit Salz, Pfeffer, Schnittlauch und Petersilie bestreuen, die Hälfte der Schinkenwürfel darüber geben. Die Nudeln, die restlichen Tomatenscheiben mit den Schinkenwürfeln einschichten.

5. Die Kräuter darüber streuen, die Eier-Sahne-Masse darüber verteilen. Die Fettfangschale oder die Form auf dem Rost in den Backofen schieben.

Ober-/Unterhitze: etwa 200 °C (vorgeheizt)
Heißluft: etwa 180 °C (nicht vorgeheizt)
Gas: Stufe 3–4 (vorgeheizt)
Backzeit: etwa 50 Minuten.

6. Frühlingsquark verrühren, etwa 15 Minuten vor Beendigung der Backzeit über den Auflauf geben.

DIE ZUTATEN:

2½ kg MITTELGROSSE KARTOFFELN

SALZ

FRISCH GEMAHLENER PFEFFER

60 g SEMMELBRÖSEL

100 g BUTTER

250 g EMMENTALER

KÄSE-KARTOFFEL-PFANNE

1. Kartoffeln schälen, waschen, in Salzwasser zum Kochen bringen, etwa 15 Minuten kochen lassen, abgießen, noch warm in Scheiben schneiden.

2. Die Kartoffelscheiben schuppenförmig in eine große flache Auflaufform oder Fettfangschale geben, mit Salz, Pfeffer und Semmelbröseln bestreuen.

3. Butter in Flöckchen darauf setzen, Käse darüber reiben. Die Fettfangschale oder die Form auf dem Rost in den Backofen schieben.

Ober-/Unterhitze: 200–220 °C (vorgeheizt)
Heißluft: 180–200 °C (nicht vorgeheizt)
Gas: Stufe 4–5 (vorgeheizt)
Backzeit: etwa 30 Minuten.

DIE ZUTATEN:

4 ZWIEBELN
100 g BUTTER
250 ml (¼ l) MILCH
250 ml (¼ l) SCHLAG-
SAHNE
8 EIGELB
SALZ
FRISCH GEMAHLENER
PFEFFER
3 DOSEN (JE 800 g)
RAVIOLI IN TOMATEN-
SAUCE
150 g GERIEBENER
GRUYÈRE KÄSE
2 EL GEHACKTE KRÄUTER,
Z. B. PETERSILIE,
SCHNITTLAUCHRÖLLCHEN

AUFLAUF VON RAVIOLI

1. Zwiebeln abziehen, in feine Würfel schneiden und in der Butter andünsten.

2. Mit Milch und Sahne ablöschen und etwas einkochen lassen, leicht abkühlen lassen.

3. Eigelb unter die Flüssigkeit geben und vermengen. Mit etwas Salz und Pfeffer abschmecken.

4. Ravioli in eine große feuerfeste Form oder in die Fettfangschale geben und die Eiermasse darüber geben. Mit dem geriebenen Käse bestreuen und auf dem Rost in den Backofen schieben.

Ober-/Unterhitze: etwa 200 °C (vorgeheizt)
Heißluft: etwa 180 °C (nicht vorgeheizt)
Gas: Stufe 3–4 (nicht vorgeheizt)
Backzeit: etwa 40 Minuten.

5. Auflauf herausnehmen, mit gehackten Kräutern bestreuen und sofort servieren.

Beilage: Gemischte Blattsalate.

SPAGHETTI-PIZZA

1. Spaghetti in reichlich Salzwasser mit Olivenöl garen, aber die auf der Packung angegebene Garzeit etwa um die Hälfte verkürzen. Danach die Nudeln auf einem Sieb abtropfen lassen, mit kaltem Wasser abschrecken und gut abtropfen lassen. Etwa ¼ der Spaghetti in einer gefetteten Fettfangschale verteilen.

2. Tomaten kurze Zeit in kochendes Wasser legen (nicht kochen lassen), mit kaltem Wasser abschrecken, enthäuten, Stängelansätze entfernen und die Tomaten in Würfel schneiden. Champignons auf einem Sieb abtropfen lassen. Schinken in Würfel schneiden.

3. Speck in Würfel schneiden. Zwiebeln abziehen und ebenfalls in Würfel schneiden. Öl in einer Pfanne erhitzen, die Speckwürfel darin auslassen, Zwiebelwürfel hinzufügen und glasig dünsten.

4. Die restlichen Spaghetti mit Tomaten, Champignons, Schinken, Speck und Zwiebeln mischen, mit Paprika, Salz, Pfeffer und Thymian würzen, auf den Spaghetti in der Fettfangschale verteilen.

5. Eier mit Speisestärke und Sahne gut verrühren, nach Belieben mit Paprika, Salz, Pfeffer und Thymian würzen und über die Spaghetti-Pizza gießen. Die Fettfangschale mit Alufolie zudecken und in den Backofen schieben.

Ober-/Unterhitze: etwa 200 °C (vorgeheizt)
Heißluft: etwa 180 °C (nicht vorgeheizt)
Gas: Stufe 3–4 (vorgeheizt)
Backzeit: etwa 45 Minuten.

6. Nach etwa 30 Minuten der Backzeit die Alufolie abnehmen, die Pizza mit Käse bestreuen und offen weiter garen, bis der Käse zerlaufen ist. Falls die Eimasse dann noch nicht gestockt sein sollte, die Spaghetti-Pizza etwa 10 Minuten länger backen.

DIE ZUTATEN:

500 g SPAGHETTI
SALZWASSER
2 EL OLIVENÖL
4–5 GROSSE FLEISCH-
TOMATEN
2 GROSSE GLÄSER PILZE
IN SCHEIBEN GESCHNIT-
TEN (JE 285 g ABTROPF-
GEWICHT)
500 g GEKOCHTER
HINTERSCHINKEN
200 g GERÄUCHERTER
SCHINKENSPECK
4 GROSSE ZWIEBELN
4 EL OLIVENÖL
PAPRIKA EDELSÜSS
SALZ
FRISCH GEMAHLENER
PFEFFER
GEREBELTER THYMIAN
8 EIER
1 EL SPEISESTÄRKE
400 ml SCHLAGSAHNE
200 g GERIEBENER
PIZZAKÄSE

FLEISCH-SPEZIALITÄTEN

HÄHNCHENBRUSTFILETS IN ZWIEBEL-SAHNE-SAUCE, REZEPT SEITE 54

DIE ZUTATEN:

12 HÄHNCHENBRUSTFILETS
(JE ETWA 150 g)
6 EL SOJASAUCE
2 STANGEN PORREE
(LAUCH)
3 BEUTEL ZWIEBELSUPPE
1 l SCHLAGSAHNE
500 ml (½ l) WASSER

HÄHNCHENBRUSTFILETS IN ZWIEBEL-SAHNE-SAUCE

(FOTO SEITE 52/53)

1. Hähnchenbrustfilets kalt abspülen, trockentupfen und in eine gefettete Fettfang-schale legen. Das Fleisch mit Sojasauce beträufeln und 1 Stunde kühl stellen.

2. Porree putzen, längs halbieren, waschen, in Ringe schneiden und auf dem Fleisch verteilen. Das Zwiebelsuppenpulver mit Sahne und Wasser verrühren und über die Filets gießen. Die Fettfangschale in den Backofen schieben.

Ober-/Unterhitze: etwa 200 °C (vorgeheizt)
Heißluft: etwa 180 °C (nicht vorgeheizt)
Gas: Stufe 3–4 (vorgeheizt)
Backzeit: etwa 40 Minuten.

DIE ZUTATEN:

12 GROSSE SCHWEINE-
SCHNITZEL
SALZ
FRISCH GEMAHLENER
PFEFFER
BUTTER ODER MARGARINE
12 SCHEIBEN CHESTERKÄSE
1 kg FRISCHE CHAMPIG-
NONS (ODER AUS DER
DOSE)
3 ZWIEBELN
250 g GERÄUCHERTER
SPECK
4 STANGEN PORREE
(LAUCH)
750 ml (¾ l) SCHLAG-
SAHNE
250 g SCHMAND
PAPRIKA
CURRYPULVER
2 PCK. JÄGERSAUCE
(FERTIGPRODUKT)

SCHNITZELPFANNE *(FOTO)*

1. Schnitzel unter fließendem kalten Wasser abspülen, trockentupfen, mit Salz und Pfeffer würzen.

2. Eine Fettpfanne einfetten, die rohen Schnitzel nebeneinander hineinlegen und auf jedes Schnitzel eine Scheibe Käse legen.

3. Pilze putzen, mit Küchenpapier abreiben, in Scheiben schneiden. Zwiebeln abziehen und würfeln, Speck würfeln.

4. Speck, Zwiebeln und Champignons in einer Pfanne anbraten, mit Pfeffer würzen, anschließend über die Schnitzel verteilen.

5. Porree putzen, das Grün entfernen, nur das Weiße in Ringe schneiden, waschen und auch auf die Schnitzel verteilen.

6. Sahne und Schmand verrühren, mit Salz, Pfeffer, Paprika und Curry würzen.

7. Jägersauce in die kalte Sahne einrühren und über die Schnitzel in der Fettpfanne gießen. Das Ganze abgedeckt 24 Stunden ziehen lassen.

8. Am nächsten Tag die Schnitzelpfanne im Backofen garen.

Ober-/Unterhitze: etwa 180 °C (vorgeheizt)
Heißluft: etwa 160 °C (nicht vorgeheizt)
Gas: etwa Stufe 3 (vorgeheizt)
Bratzeit: etwa 90 Minuten.

Beilage: Rohkostsalat, Reis oder Baguette.

FÜR DEN KNOBLAUCH-DILL-QUARK:
1 GURKE
4 KNOBLAUCHZEHEN
500 g MAGERQUARK
250 g JOGHURT
250 g SCHMAND
1 BUND DILL
SALZ
FRISCH GEMAHLENER PFEFFER

FÜR DIE GYROSPFANNE:
2 KLEINE GEMÜSE-ZWIEBELN
SALZ
1 EL WEISSWEINESSIG
GEREBELTER OREGANO
6 EL OLIVENÖL
1½ kg GEWÜRZTES GYROS (BEIM METZGER BESTELLEN)

GYROSPFANNE MIT KNOBLAUCH-DILL-QUARK

1. Für den Knoblauch-Dill-Quark Gurke schälen, fein raspeln, auf ein Sieb geben und abtropfen lassen.

2. Knoblauch abziehen, fein hacken, mit Quark, Joghurt und Schmand verrühren. Gurkenraspel gut ausdrücken und unter den Quark heben.

3. Dill abspülen, trockentupfen, klein schneiden und in den Quark geben. Mit Salz und Pfeffer abschmecken.

4. Für die Gyrospfanne Zwiebeln abziehen, in feine Scheiben schneiden oder hobeln, mit Salz, Essig und Oregano würzen und durchziehen lassen.

5. Öl erhitzen. Gyros darin portionsweise anbraten und bei starker Hitze knusprig braun braten.

6. Gyros mit Zwiebeln und Knoblauch-Dill-Quark anrichten.

Beilage: Fladenbrot oder Pommes frites.

Tipp:
Das Gyros kann auch mit Schweineschulter, Hähnchen- oder Putenfleisch selbst zubereitet werden. Einfach zum Würzen ist fertiges Gyros-Salz.

FILET MIT OBST

1. Filet unter fließendem kalten Wasser abspülen, trockentupfen, zuerst in Scheiben, dann in Streifen schneiden.

2. Fett erhitzen, die Filetstreifen in Portionen anbraten, mit Salz und Pfeffer bestreuen und in eine große Auflaufform oder Fettfangschale geben.

3. Pfirsiche abtropfen lassen, in Spalten schneiden. Bananen schälen, in Scheiben schneiden. Das Obst mit dem Fleisch mischen.

4. Sahne, Ketchup und Curry verrühren und über das Fleisch verteilen. Den Käse darüber streuen.

5. Die Fettfangschale oder die Form auf dem Rost in den Backofen schieben.

Ober-/Unterhitze: etwa 200 °C (vorgeheizt)
Heißluft: etwa 180 °C (nicht vorgeheizt)
Gas: Stufe 3–4 (vorgeheizt)
Bratzeit: etwa 25 Minuten.

DIE ZUTATEN:

1½ kg SCHWEINEFILET
120 g PFLANZENFETT
SALZ
PFEFFER
1 DOSE (480 g) PFIRSICHE
3 BANANEN
500 ml (½ l) SCHLAG-
SAHNE
6 EL TOMATEN-KETCHUP
1 EL CURRYPULVER
200 g GERIEBENER
GOUDA

**2 PCK. ZWIEBELSAUCE
(ERGIBT 600 ml)**

4 GEMÜSEZWIEBELN

4 KNOBLAUCHZEHEN

**1 FLASCHE (500 ml)
TEXICANA SALSA**

**2 DOSEN (JE 420 g)
BAKED BEANS**

**1 DOSE (420 g) KIDNEY-
BOHNEN**

1 EL PAPRIKA EDELSÜSS

**1 EL GRÜNE PFEFFER-
KÖRNER**

CHILIPULVER

SALZ

12 NACKENSTEAKS

**12 MITTELGROSSE
KARTOFFELN**

FÜR DEN QUARK-DIP:

500 g MAGERQUARK

**500 g JOGHURT ODER
SCHMAND**

**2 BUND GEMISCHTE,
FEINGEHACKTE KRÄUTER
Z. B. DILL, PETERSILIE,
SCHNITTLAUCH, SAUER-
AMPFER**

**FRISCH GEMAHLENER
PFEFFER**

2 BUND PETERSILIE

TRAPPER ZWIEBELSTEAK-PFANNE

1. Die Zwiebelsauce nach Packungsanleitung zubereiten, jedoch nur 3 Minuten kochen lassen.

2. Zwiebeln abziehen, in feine Scheiben schneiden oder hobeln. Knoblauch abziehen und fein hacken.

3. Zwiebelsauce mit Zwiebeln, Knoblauch, Salsa und Bohnen mischen. Mit Paprika, grünem Pfeffer, Chili und Salz würzen. Die Nackensteaks unter fließendem kalten Wasser abspülen, trockentupfen. Steaks in einen großen Bräter oder eine Fettfangschale legen, mit der Sauce bedecken und über Nacht zugedeckt durchziehen lassen.

4. Bräter oder Fettfangschale auf dem Rost in den Backofen (2. Schiene von unten) schieben.

Ober-/Unterhitze: etwa 180 °C (vorgeheizt)
Heißluft: etwa 160 °C (nicht vorgeheizt)
Gas: Stufe 2–3 (vorgeheizt)
Backzeit: etwa 90 Minuten.

5. Kartoffeln gründlich waschen und abbürsten, in Alufolie wickeln. Nach 30 Minuten Garzeit der Steaks, die Kartoffeln auf einem zweiten Rost im oberen Drittel vom Backofen etwa 60 Minuten mitgaren.

6. Für den Dip Quark mit Joghurt oder Schmand und Kräutern mischen, mit Salz und Pfeffer würzen.

7. Die gegarten Kartoffeln der Länge nach aufschneiden, etwas auseinander drücken, mit Quark gefüllt zu den Steaks servieren.

8. Petersilie abspülen, trockentupfen. Die Steaks vor dem Servieren mit gehackter Petersilie bestreuen.

Tipp:
Statt Nackensteaks kann auch magerer Schweinebauch in Scheiben verwendet werden. Nach Belieben können statt der im Backofen gegarten Kartoffeln auch Pellkartoffeln gereicht werden.

DIE ZUTATEN:

**4 SCHWEINEFILETS
(JE 400 g)
2 GEH. EL MILDER SENF
24 SCHEIBEN GERÄUCHER-
TER SCHINKENSPECK
3 KLEINE GLÄSER KLEINE
CHAMPIGNONS (JE 170 g
ABTROPFGEWICHT)
SALZ
FRISCH GEMAHLENER,
SCHWARZER PFEFFER
JE 1 TL MAJORAN, DILL-
SPITZEN UND GEHACKTE
PETERSILIE**

**FÜR DIE SAUCE:
1250 ml (5 BECHER)
SCHLAGSAHNE
4 GESTR. EL PAPRIKA
4 GESTR. TL CURRYPULVER**

FILETTOPF

1. Schweinefilets unter fließendem kalten Wasser abspülen, trockentupfen und jedes Filet in 6 Scheiben schneiden, so dass 24 Medaillons entstehen.

2. Jedes Medaillon mit Senf bestreichen und mit je 1 Scheibe Schinkenspeck umwickeln. Die Fleischstücke nicht zu nah aneinander in eine große Auflaufform oder einen Bräter legen.

3. Champignons auf einem Sieb abtropfen lassen, dann die Zwischenräume der Medaillons damit ausfüllen. Das Ganze mit Salz, Pfeffer, Majoran, Dillspitzen und Petersilie bestreuen.

4. Für die Sauce Sahne mit Paprika und Curry verrühren und auf die Medaillons gießen. Die Form oder den Bräter zugedeckt auf dem Rost in den Backofen schieben.

Ober-/Unterhitze: etwa 180 °C (vorgeheizt)
Heißluft: etwa 160 °C (nicht vorgeheizt)
Gas: etwa Stufe 3 (vorgeheizt)
Backzeit: etwa 60 Minuten.

LEBERKÄSEROULADEN AUF SAUERKRAUT

1. Zwiebeln abziehen, würfeln und in Öl andünsten.

2. Sauerkraut etwas auseinander zupfen, zu den Zwiebeln geben und mitandünsten.

3. Brühe hinzugießen, Wacholderbeeren, Lorbeerblätter, Salz, Pfeffer und Zucker hinzufügen und zugedeckt etwa 25 Minuten garen. Das Sauerkraut evtl. nochmals abschmecken und in eine gefettete, große Auflaufform oder Fettfangschale geben.

4. Leberkäsescheiben mit Senf (etwa 1 Teelöffel pro Scheibe) bestreichen. Die Gewürzgurken halbieren und je eine Hälfte quer auf die Leberkäsescheibe legen.

5. Die Leberkäsescheiben zusammenrollen, mit einem Holzspießchen zusammenstecken. Die Leberkäserouladen mit dem Spieß nach unten auf das Sauerkraut legen, mit Käse bestreuen. Die Auflaufform auf dem Rost in den Backofen schieben oder die Fettfangschale in den Backofen schieben.

Ober-/Unterhitze: etwa 200 °C (vorgeheizt)
Heißluft: etwa 180 °C (vorgeheizt)
Gas: etwa Stufe 4 (vorgeheizt)
Backzeit: 15–20 Minuten.

DIE ZUTATEN:

3 ZWIEBELN
4 EL SPEISEÖL
3 DOSEN SAUERKRAUT (JE 750 g ABTROPF-GEWICHT)
250 ml (¼ l) FLEISCH-BRÜHE
8–10 WACHOLDERBEEREN
2 LORBEERBLÄTTER
SALZ
FRISCH GEMAHLENER PFEFFER
ETWAS ZUCKER
24 DÜNNE (ETWA ½ cm DICKE) LEBERKÄSE-SCHEIBEN (JE ETWA 100 g)
ETWA 100 g MITTEL-SCHARFER SENF
12 GEWÜRZGURKEN
200 g GERIEBENER, MITTELALTER GOUDA

Tipp:
Statt mittelscharfem Senf, kann auch süßer Senf genommen werden. Falls mehrere Fleischgerichte serviert werden, reicht auch eine Leberkäse-Roulade pro Person.

1 STÜCK LEBERKÄSE
(ETWA 1800 g)
12 MITTELGROSSE
ZWIEBELN
5 EL SPEISEÖL
600 g SPÄTZLE
(AUS DEM KÜHLREGAL)
500 g EMMENTALER KÄSE

BACKLEBERKÄSE MIT SPÄTZLE *(FOTO)*

1. Aus dem Leberkäse einen Keil schneiden, so dass ein 2–3 cm großer Rand stehen bleibt. Den herausgeschnittenen Leberkäse in Würfel schneiden.

2. Das Leberkäsestück in eine große, gefettete Auflaufform legen, den Leberkäse an den Seiten in Abständen von 1½ cm einschneiden.

3. Zwiebeln abziehen, halbieren, in Streifen schneiden und in Öl andünsten, mit Spätzle und Leberkäsewürfeln mischen. Mischung in den eingeschnittenen Keil füllen und um den Leberkäse herum verteilen.

4. Gut die Hälfte des Käses reiben und auf der Spätzle-Zwiebel-Masse verteilen. Die Auflaufform auf dem Rost in den Backofen schieben.

Ober-/Unterhitze: etwa 180 °C (vorgeheizt)
Heißluft: etwa 160 °C (nicht vorgeheizt)
Gas: etwa Stufe 3 (vorgeheizt)
Backzeit: etwa 45 Minuten.

5. Den restlichen Käse in kleine Scheiben schneiden und etwa 10 Minuten vor Ende der Garzeit in die Seiteneinschnitte des Leberkäses stecken und fertig backen.

2½ kg SCHNITZELFLEISCH
1 PCK. (60 g) MAGGI-
GEWÜRZMISCHUNG NR. 1
2 PCK. CHESTER-
SCHMELZKÄSE
3 STANGEN PORREE
(LAUCH)
4 DOSEN CHAMPIGNONS
(JE 425 g ABTROPF-
GEWICHT)
6 DICKE ZWIEBELN
400 g GERÄUCHERTE
BAUCHSPECKWÜRFEL
4 PCK. JÄGERSAUCE
(FÜR 250 ml (¼ l)
PRO PCK.)
1 l SCHLAGSAHNE

JÄGERTOPF

1. Fleisch kalt abspülen, trockentupfen und in Streifen schneiden. Die Fleischstreifen mit der Gewürzmischung vermengen und in einen gefetteten Bräter geben.

2. Schmelzkäse über dem Fleisch verteilen. Porree putzen, waschen, in Ringe schneiden und zusammen mit den abgetropften Champignons auf den Käse geben.

3. Zwiebeln abziehen und in Würfel schneiden, mit Bauchspeck andünsten, in den Bräter geben. Saucenpulver mit Sahne verrühren, über den Fleischtopf gießen, zugedeckt über Nacht durchziehen lassen.

4. Den Bräter auf dem Rost in den Backofen schieben.

Ober-/Unterhitze: etwa 190 °C (vorgeheizt)
Heißluft: etwa 170 °C (nicht vorgeheizt)
Gas: Stufe 3–4 (vorgeheizt)
Backzeit: etwa 2 Stunden.

LAMMKEULE MIT MINZSAUCE

1. Wasser mit 1 Teelöffel Salz und Zucker aufkochen, Pfefferminztee damit aufbrühen, Essig hinzugießen, abkühlen lassen (nach Belieben abschmecken).

2. Lammkeule unter fließendem kalten Wasser abspülen und trockentupfen. Knoblauch mit Salz zerdrücken, die Lammkeule innen damit einreiben und dann mit Küchengarn zusammenbinden. Das Fleisch außen mit Salz und Chili einreiben.

3. Lammkeule in einem Bräter in erhitztem Öl rundherum anbraten und etwas Minztee hinzufügen. Den Bräter auf dem Rost in den Backofen schieben.

Ober-/Unterhitze: etwa 180 °C (vorgeheizt)
Heißluft: etwa 160 °C (nicht vorgeheizt)
Gas: Stufe 3–4 (vorgeheizt)
Garzeit: etwa 90 Minuten.

4. Verdampfte Flüssigkeit nach und nach durch Minztee ersetzen.

5. Die Lammkeule aus dem Bräter nehmen, mit Alufolie bedecken und etwa 10 Minuten ruhen lassen, damit sich der Fleischsaft setzt.

6. Den Bratensatz etwas einkochen lassen und abschmecken. Das Fleisch in Scheiben schneiden. Minzestreifen vor dem Servieren unter die Sauce rühren. Die Sauce zu dem Fleisch reichen.

Beilage: Grüne Bohnen mit angedünsteten Zwiebelstreifen.

Pfifferlingsschnitzel

DIE ZUTATEN:

3 KLEINE ZWIEBELN
50 g BUTTER
600 g PFIFFERLINGE
SALZ
FRISCH GEMAHLENER
PFEFFER
2 EL GEHACKTE PETER-
SILIE
12 SCHWEINESCHNITZEL
(JE ETWA 150 g)
2–3 EL WORCESTERSAUCE
30 g WEIZENMEHL
80 g MARGARINE
ODER BUTTERSCHMALZ
12 SCHEIBEN MITTELALTER
GOUDA ODER EMMEN-
TALER

1. Zwiebeln abziehen und fein würfeln. Butter zerlassen und die Zwiebelwürfel darin andünsten.

2. Pfifferlinge putzen, mit Küchenpapier abreiben, evtl. abspülen, trockentupfen, dazugeben, mit Salz und Pfeffer würzen, gar dünsten lassen und mit Petersilie vermengen.

3. Schnitzel kalt abspülen, trockentupfen mit Pfeffer bestreuen, mit Worcestersauce beträufeln und mit etwas Mehl bestäuben. Fett erhitzen, Schnitzel darin von beiden Seiten 6–8 Minuten braten, aus der Pfanne nehmen, auf ein mit Alufolie belegtes Backblech legen.

4. Pfifferlinge auf den Schnitzeln verteilen, je 1 Scheibe Käse auf jedes Schnitzel legen, das Backblech in den Backofen schieben.

Ober-/Unterhitze: etwa 230 °C (vorgeheizt)
Heißluft: etwa 200 °C (vorgeheizt)
Gas: Stufe 4–5 (vorgeheizt)
Backzeit: 10–15 Minuten.

Beigabe: Butterreis, bunter Salat.

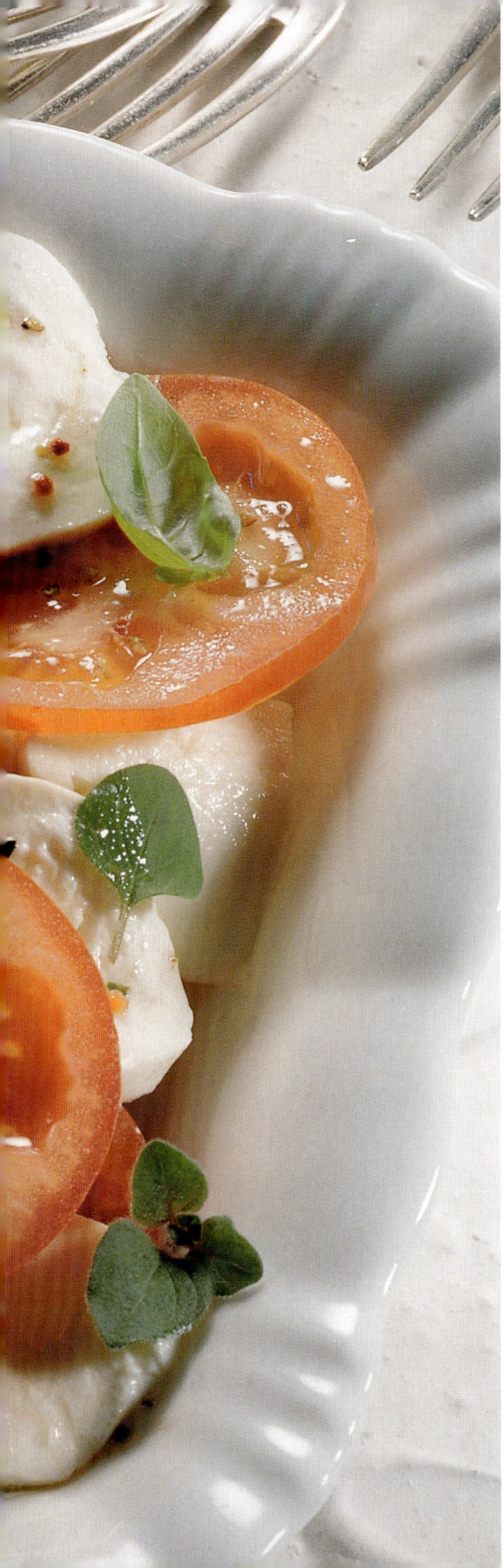

Salate, Beilagen, Dips

Salate, Beilagen, Dips

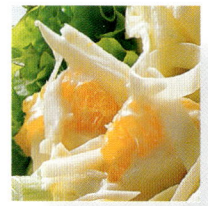

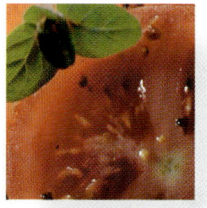

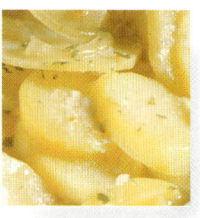

Caprisalat,
Rezept Seite 68

DIE ZUTATEN:

1,2 kg TOMATEN
500 g MOZZARELLA
BASILIKUM (MÖGLICHST
FRISCH)
OREGANO (MÖGLICHST
FRISCH)
SALZ
8 EL OLIVENÖL

CAPRISALAT *(Foto Seite 66/67)*

1. Tomaten waschen, abtrocknen, halbieren und die Stängelansätze herausschneiden. Tomaten und Mozzarella in Würfel oder Scheiben schneiden. Beides in eine Schüssel geben.

2. Basilikum und Oregano abspülen, trockentupfen, Blätter von den Stängeln zupfen, dazugeben.

3. Die Zutaten vorsichtig mischen und salzen. Olivenöl darüber träufeln.

4. Den Salat etwa 1 Stunde im Kühlschrank durchziehen lassen.

Beilage: Frisches Weißbrot.

DIE ZUTATEN:

1 GROSSER KOPF GRÜNER
BLATTSALAT
6 TOMATEN
JE 2 ROTE UND GRÜNE
PAPRIKASCHOTEN
4 MITTELGROSSE
ZWIEBELN
50 g GRÜNE OLIVEN
SAFT VON 1 ZITRONE
4 EL OLIVENÖL
2 DOSEN IN ÖL EINGE-
LEGTER THUNFISCH (JE
170 g ABTROPFGEWICHT)
400 g SCHAFSKÄSE
3–4 EL ZITRONENSAFT
6 EL OLIVENÖL
SALZ
FRISCH GEMAHLENER
PFEFFER
1 BUND GLATTE PETER-
SILIE
3–4 EL GEHACKTE
HASELNUSSKERNE

HIRTENSALAT *(Foto)*

1. Salat putzen, waschen und gut abtropfen lassen. Tomaten waschen, die Stängelansätze herauslösen und die Tomaten achteln.

2. Paprikaschoten halbieren, entstielen, entkernen, die weißen Scheidewände entfernen, Schoten waschen, in dünne Streifen oder Würfel schneiden.

3. Zwiebeln abziehen und in feine Würfel schneiden. Oliven evtl. entkernen.

4. Eine große Schüssel oder Platte mit den Salatblättern auslegen, mit Zitronensaft und Olivenöl beträufeln. Tomaten, Paprika, Zwiebeln und Oliven darauf verteilen.

5. Thunfisch zerpflücken, Schafskäse klein schneiden und beide Zutaten über den Salat streuen.

6. Den Salat mit Zitronensaft und Olivenöl beträufeln, mit Salz und Pfeffer würzen.

7. Die verlesene, gewaschene und fein gehackte Petersilie mit Haselnüssen über den Salat streuen und den Salat sofort servieren.

Tipp:
Alle Zutaten vorbereiten und zugedeckt kühl stellen.
kurz vor dem Servieren anrichten.

**3 GLÄSER (JE 250 g)
BISMARCKHERINGE
10 GEWÜRZGURKEN
2 MITTELGROSSE
ZWIEBELN
6 GROSSE ÄPFEL
500 g SCHMAND**

HERINGSSALAT

1. Die Fischfilets auseinander rollen und in etwa 3 cm große Stücke schneiden.

2. Gewürzgurken in dünne Scheiben schneiden. Zwiebeln abziehen und ebenfalls in dünne Ringe schneiden.

3. Äpfel schälen, vierteln, entkernen und in dünne Scheiben schneiden.

4. Die vorbereiteten Zutaten in eine Schüssel geben und vermischen, mit Schmand verrühren und zugedeckt einige Stunden (mindestens 3) in den Kühlschrank stellen.

5. Nach Belieben den Salat mit Dill garnieren.

Tipp:

Nach Belieben kann der Heringssalat noch mit je 1 Esslöffel Meerrettich, Senf, Weinessig und 1 Prise Zucker abgeschmeckt werden. Interessant schmeckt auch die Variante mit 6 Esslöffeln Preiselbeeren. Mit Pellkartoffeln servieren.

WALDORFSALAT

1. Äpfel schälen, vierteln, entkernen und in Scheiben oder Stifte schneiden.

2. Sellerie putzen, schälen, waschen und fein hobeln. Ananas würfeln, Walnüsse grob hacken. Einige zum Garnieren zurücklassen.

3. Zitronensaft, Salz, Zucker und Pfeffer verrühren. Mayonnaise und saure Sahne unterziehen und mit den Zutaten vermengen.

4. Den Salat mindestens 4 Stunden durchziehen lassen. Mit den restlichen Walnüssen bestreuen.

DIE ZUTATEN:

1 kg ÄPFEL, Z. B. BOSKOP

1 kg KNOLLENSELLERIE

10 SCHEIBEN ANANAS

250 g WALNUSSKERNE

SAFT VON 2 ZITRONEN

1 PRISE SALZ

2 EL ZUCKER

FRISCH GEMAHLENER PFEFFER

4 EL MAYONNAISE

150 g SAURE SAHNE

FÜR DIE SALATTORTE:
1 KLEINER EISBERGSALAT
1 SALATGURKE
1 GEMÜSEZWIEBEL
500 g TOMATEN
1 STANGE PORREE (LAUCH)
250 g GEKOCHTER
SCHINKEN
5 HARTGEKOCHTE EIER
1 BUND RADIESCHEN
250 g GOUDA

FÜR DIE SALATSAUCE:
350 g SALATMAYONNAISE
200 ml SCHLAGSAHNE
5–6 EL MILCH
1 TL CHINAGEWÜRZ
SALZ, PFEFFER
1 PRISE ZUCKER
2 EL GEHACKTE PETERSILIE
2 BUND SCHNITTLAUCH-
RÖLLCHEN

16 COCKTAILTOMATEN

SALATTORTE *(Foto)*

1. Eisbergsalat putzen, halbieren, kurz waschen, in grobe Streifen schneiden und trockenschleudern.

2. Gurke waschen und in Scheiben schneiden. Gemüsezwiebel abziehen, halbieren und in Streifen schneiden. Tomaten waschen, halbieren, die Stängelansätze herausschneiden, die Tomaten in Scheiben schneiden. Porree putzen, waschen, trockentupfen und in feine Ringe schneiden.

3. Schinken in Würfel schneiden. Eier pellen und in Scheiben schneiden. Radieschen putzen, waschen und ebenfalls in Scheiben schneiden. Den Käse grob raspeln.

4. Die Zutaten in der Reihenfolge der Zutatenliste in eine Springform (Ø 28 cm) füllen, dabei jede Lage etwas andrücken, mit den Käseraspeln abschließen. Die Salattorte zugedeckt und kühl gestellt etwa 12–24 Stunden durchziehen lassen.

5. Die Zutaten für die Salatsauce kurz vor dem Servieren vermischen.

6. Die Salattorte mit den Cocktailtomaten mit kleinen Holzspießchen wie eine Torte garnieren. Den Springformrand vorsichtig lösen, die Torte mit einem Sägemesser oder besser noch mit einem elektrischen Messer in Stücke schneiden. Die Salatsauce separat zur Salattorte reichen.

8 EIER
2 GLÄSER (JE 370 g)
SELLERIESTREIFEN
1 DOSE (540 g) MAIS
2 DOSEN (JE 480 g)
ANANAS
4 SÄUERLICHE ÄPFEL
3 STANGEN PORREE (LAUCH)
400 G GEKOCHTER
SCHINKEN

FÜR DIE SAUCE:
500 g SALATMAYONNAISE
500 ml (½ l) SAHNE

SCHICHTSALAT

1. Eier in Wasser 10 Minuten kochen, abgießen, etwas abkühlen lassen, pellen und in Achtel oder Scheiben schneiden.

2. Sellerie, Mais und Ananas auf ein Sieb geben. Ananas in Streifen schneiden.

3. Äpfel schälen, vierteln, entkernen, in kleine Stücke schneiden. Porree putzen, waschen, in feine Ringe schneiden. Schinken in Würfel oder Streifen schneiden.

4. Für die Sauce Mayonnaise und Sahne verrühren.

5. Die Zutaten abwechselnd mit der verrührten Mayonnaise in eine große Schüssel schichten und 12 Stunden ruhen lassen.

DIE ZUTATEN:

2½ kg KARTOFFELN

100 g FETTER SPECK

4 ZWIEBELN

200 g GERIEBENER
EMMENTALER KÄSE

SALZ

FRISCH GEMAHLENER
PFEFFER

GEREBELTER MAJORAN

500 ml (½ l) FLEISCH-
BRÜHE

4 EL SCHNITTLAUCH-
RÖLLCHEN

EMMENTALER KÄSEKARTOFFELN

1. Kartoffeln schälen, waschen und in dünne Scheiben schneiden. Speck in Würfel schneiden. Zwiebeln abziehen, in Scheiben schneiden, in dem Speck hellgelb dünsten lassen. Die Kartoffelscheiben hinzufügen und anbraten.

2. Alles in eine flache, gefettete Auflaufform geben.

3. Käse darüber streuen, mit Salz, Pfeffer und Majoran würzen. Fleischbrühe hinzugießen. Die Form auf dem Rost in den Backofen schieben.

Ober-/Unterhitze: 180–200 °C (vorgeheizt)
Heißluft: 160–180 °C (nicht vorgeheizt)
Gas: Stufe 3–4 (vorgeheizt)
Backzeit: etwa 50 Minuten.

4. Mit Schnittlauchröllchen bestreut servieren.

DIE ZUTATEN:

**12 MITTELGROSSE
FLEISCHTOMATEN (ODER
24 MITTELGROSSE
TOMATEN)
SALZ
FRISCH GEMAHLENER
PFEFFER**

**FÜR DIE KÄSE-STAUDEN-
SELLERIE-FÜLLUNG:
200 g BERG- ODER
BLAUSCHIMMELKÄSE
6 KLEINERE STANGEN
STAUDENSELLERIE
ETWAS CURRYPULVER**

**FÜR DIE THUNFISCH-
FÜLLUNG:
2 DOSEN THUNFISCH
(ABTROPFGEWICHT JE
150 g)
200 g GEKOCHTER REIS
(100 g ROHGEWICHT)
4 MITTELGROSSE,
ROTE ZWIEBELN
2 BUND SCHNITTLAUCH
3 EL OLIVENÖL
100 g GERASPELTER
EMMENTALER**

GEFÜLLTE TOMATEN, ÜBERBACKEN

1. Tomaten waschen, trockentupfen und quer halbieren. Die Tomaten aushöhlen und das Innere etwas zerkleinern. Die Tomaten innen mit Salz und Pfeffer bestreuen und in eine große, gefettete Auflaufform setzen.

2. Für die Käse-Staudensellerie-Füllung Käse fein würfeln und mit der Hälfte des Tomateninneren mischen.

3. Sellerie putzen, die harten Außenfäden abziehen, Sellerie waschen, in sehr feine Streifen schneiden und zum Käse geben.

4. Die Füllung mit Salz, Pfeffer und Curry abschmecken und in 12 Tomatenhälften bergartig einfüllen.

5. Für die Thunfischfüllung Thunfisch abtropfen lassen, mit Reis und dem restlichen Fruchtfleisch der Tomaten vermischen.

6. Zwiebeln abziehen, halbieren und in Streifen schneiden. Schnittlauch verlesen, abspülen, trockentupfen und in feine Röllchen schneiden.

7. Zwiebeln in Öl andünsten, mit den restlichen Zutaten vermischen. Mit Salz und Pfeffer abschmecken und bergartig in die Tomatenhälften füllen und mit Käse bestreuen. Die Form auf dem Rost in den Backofen schieben.

Ober-/Unterhitze: etwa 180 °C (vorgeheizt)
Heißluft: etwa 160 °C (vorgeheizt)
Gas: etwa Stufe 3 (vorgeheizt)
Backzeit: etwa 15 Minuten.

DIE ZUTATEN:

500 g GETROCKNETE
TORTELLINI MIT KÄSE-
FÜLLUNG

1 EL SPEISEÖL

600 g TOMATEN

400 g GEKOCHTER
SCHINKEN

FÜR DIE SALATSAUCE:

1 KLEINES GLAS (250 g)
MIRACEL WHIP

150 g SAURE SAHNE

2 EL BALSAMICO-ESSIG

4 EL OLIVENÖL

2 ABGEZOGENE,
ZERDRÜCKTE KNOB-
LAUCHZEHEN

SALZ, PFEFFER

2 EL IN STREIFEN
GESCHNITTENE
BASILIKUMBLÄTTER

1 BUND SCHNITTLAUCH IN
RÖLLCHEN GESCHNITTEN

GEREBELTER THYMIAN

TORTELLINI-SALAT *(FOTO)*

1. Tortellini nach Packungsanleitung in reichlich Salzwasser mit Öl garen. Dann auf ein Sieb geben und kurz mit kaltem Wasser abschrecken, abtropfen und erkalten lassen.

2. Tomaten kurze Zeit in kochendes Wasser legen (nicht kochen lassen), mit kaltem Wasser abschrecken, enthäuten, Stängelansätze herausschneiden und die Tomaten in Würfel schneiden. Schinken in Würfel schneiden.

3. Für die Salatsauce Miracel Whip mit saurer Sahne, Essig, Öl, Knoblauch, Salz, Pfeffer, Basilikum, Schnittlauch und Thymian verrühren.

4. Tortellini, Schinken- und Tomatenwürfel mit der Sauce vorsichtig mischen und etwa 30 Minuten durchziehen lassen. Evtl. nochmals abschmecken.

Tipp:
Der Tortellini-Salat kann als vegetarische Variante auch ohne Schinken zubereitet werden. Den Schinken dann durch 400 g frische, in Scheiben geschnittene Champignons ersetzen. Gut schmeckt es auch halb mit Schinken und halb mit Champignons kombiniert.

DIE ZUTATEN:

2 kg KLEINE, RUNDE
KARTOFFELN

SALZ

2 BUND FRÜHLINGS-
ZWIEBELN

2 BUND RADIESCHEN

150 g GERÄUCHERTER,
DURCHWACHSENER SPECK

125 ml (⅛ l) SPEISEÖL

125 ml (⅛ l) KRÄUTER-
ESSIG

WEISSER PFEFFER

2 EL ZUCKER

BUNTER KARTOFFELSALAT

1. Kartoffeln gründlich waschen und in Salzwasser etwa 20 Minuten kochen. Die Kartoffeln etwas abkühlen lassen und dann pellen.

2. Frühlingszwiebeln und Radieschen putzen und waschen. Frühlingszwiebeln in feine Ringe, Radieschen in Scheiben schneiden.

3. Den Speck fein würfeln und in einer Pfanne knusprig ausbraten. Mit Öl und Essig ablöschen, kurz erwärmen und mit Salz, Pfeffer und Zucker würzen.

4. Die Kartoffeln, Frühlingszwiebeln und Radieschen mit der Marinade vermischen und etwas durchziehen lassen. Den Salat in einer Schüssel anrichten.

DIE ZUTATEN:

3 BAGUETTES (JE 150 g, ZUM AUFBACKEN)
150 g WEICHE BUTTER
200 g KÄSE IN WÜRFEL GESCHNITTEN, Z. B. MITTELALTER GOUDA
200 g SCHNIPPEL-SCHINKEN
JE 1 BUND GLATTE PETERSILIE UND SCHNITTLAUCH
1 GESTR. EL PAPRIKA EDELSÜSS
FRISCH GEMAHLENER PFEFFER

Tipp:
Etwas schneller geht es, wenn die Baguettes quer halbiert und dann gefüllt werden.

GEFÜLLTE BAGUETTES

1. Jedes Baguette 8mal schräg ein-, aber nicht ganz durchschneiden, so dass die Scheiben noch zusammenhalten.

2. Butter mit Käse und Schinken verrühren. Kräuter abspülen, trockentupfen, fein schneiden und unter die Masse geben. Mit Paprika und Pfeffer würzen.

3. Die Masse in die Broteinschnitte füllen, etwas zusammendrücken und auf ein mit Backpapier belegtes Backblech legen. Das Backblech in den Backofen schieben.

Ober-/Unterhitze: etwa 200 °C (vorgeheizt)
Heißluft: etwa 180 °C (vorgeheizt)
Gas: Stufe 3–4 (vorgeheizt)
Backzeit: etwa 10 Minuten.

DIE ZUTATEN:

1½ kg MEHLIGKOCHENDE
KARTOFFELN
1 kg MAGERQUARK
3 EIER (GRÖSSE L)
SALZ
GERIEBENE MUSKATNUSS
GEREBELTER MAJORAN
350 g WEIZENMEHL
ABGEZOGENE, GEHACKTE
UND GEHOBELTE
MANDELN
SESAMSAMEN
SONNENBLUMENKERNE
150 g BUTTERSCHMALZ

Tipp:
Die kartoffel-Quark-
Taler einige Tage vorher
zubereiten und abge-
kühlt einfrieren. Vor
dem Aufbacken die
Taler etwa 30 Minuten
antauen lassen und
im Backofen bei etwa
180 °C (Heißluft:
etwa 160 °C,
Gas: Stufe 3-4)
etwa 12 Minuten
aufbacken.

KARTOFFEL-QUARK-TALER

1. Kartoffeln gründlich abspülen, in etwa 25 Minuten gar kochen lassen, abgießen, mit kaltem Wasser übergießen, heiß pellen, durch die Kartoffelpresse geben und abkühlen lassen.

2. Quark mit Eiern verrühren, mit Salz, Muskat und Majoran würzen und in die Kartoffelmasse geben und verrühren. Mehl unterkneten, aus dem Teig mit bemehlten Händen Bällchen formen und diese in Mandeln, Sesam und Sonnenblumenkernen wenden. Die Bällchen leicht flach drücken, so dass Taler entstehen.

3. Butterschmalz erhitzen, die Taler darin von allen Seiten bei mittlerer Hitze in etwa 8 Minuten goldbraun braten lassen.

DIE ZUTATEN:

5 FRÜHLINGSZWIEBELN

3 STANGEN STAUDEN-
SELLERIE

125 ml (⅛ l) PORTWEIN

250 g CRÈME FRAÎCHE

250 ml (¼ l) SCHLAG-
SAHNE

250 g STILTON-KÄSE
ODER ANDERER BLAU-
SCHIMMELKÄSE

SALZ

FRISCH GEMAHLENER,
WEISSER PFEFFER

STILTON-DIP *(FOTO)*

1. Frühlingszwiebeln putzen und waschen. Staudensellerie putzen, harte Außenfä-den abziehen, Sellerie waschen.

2. Beide Zutaten grob zerkleinern, mit Portwein, Crème fraîche und Sahne pürieren. Käse gut zerdrücken, evtl. pürieren und unterrühren. Dip mit Salz und Pfeffer abschmecken.

Tipp:
Zu Blattsalaten und rohem Gemüse reichen.

DIE ZUTATEN:

6 EL ZITRONENSAFT

MEERSALZ

FRISCH GEMAHLENER
PFEFFER

CAYENNEPFEFFER

2 EL HONIG

4 REIFE AVOCADOS

5 ENTHÄUTETE FLEISCH-
TOMATEN

5 ZWIEBELN

4 KLEINE, ROTE PAPRIKA-
SCHOTEN

1 kg MAGERQUARK

PAPRIKA EDELSÜSS

4–5 EL GEHACKTE PETER-
SILIE

6 EL GESCHÄLTE SONNEN-
BLUMENKERNE

AVOCADO-QUARK-DIP

1. Zitronensaft mit Salz, Pfeffer, Cayennepfeffer und Honig verrühren.

2. Avocados längs halbieren, entsteinen, schälen. Fleischtomaten halbieren, die Stängelansätze herausschneiden, Tomaten entkernen. Beide Zutaten in kleine Würfel schneiden.

3. Zwiebeln abziehen und fein reiben. Paprikaschoten halbieren, entkernen, die weißen Scheidewände entfernen, waschen, fein würfeln.

4. Alle Zutaten unter den Quark rühren, mit Paprika und Petersilie abschmecken. Sonnenblumenkerne in einer Pfanne ohne Fett goldgelb rösten und über den Dip streuen.

Tipp:
Der Avocado-Quark-Dip schmeckt gut zu gebratenen Lammkoteletts oder zu Filets.

DER SÜSSE
ABSCHLUSS

*SCHWARZWÄLDER
KIRSCHCREME,
REZEPT SEITE 84*

DIE ZUTATEN:

2 SCHWACH GEH. TL
GEMAHLENE GELATINE,
WEISS
4 EL KALTES WASSER
1 l MILCH
2 PCK. PUDDING-PULVER
VANILLE-GESCHMACK
150 g (6 GUT GEH. EL)
ZUCKER
10 EL KALTE MILCH
ETWA 3 EL KIRSCHWASSER
250 ml (¼ l) SCHLAG-
SAHNE
1 PCK. VANILLIN-ZUCKER
375 g ENTSTEINTE SAUER-
KIRSCHEN (AUS DEM
GLAS)
GERASPELTE SCHOKOLADE

SCHWARZWÄLDER KIRSCHCREME *(FOTO SEITE 82/83)*

1. Gelatine mit Wasser in einem kleinen Topf anrühren, 10 Minuten zum Quellen stehen lassen.

2. Milch zum Kochen bringen. Pudding-Pulver und Zucker mischen, mit der kalten Milch anrühren, unter Rühren in die von der Kochstelle genommene Milch geben, kurz aufkochen lassen.

3. Die gequollene Gelatine hinzufügen, so lange rühren, bis sie aufgelöst ist. Den Pudding kalt stellen und ab und zu durchrühren.

4. Das Kirschwasser unter den erkalteten, aber noch nicht fest gewordenen Pudding rühren. Sahne mit Vanillin-Zucker verrühren, steif schlagen, unter den Pudding heben (etwas zum Verzieren zurücklassen).

5. Die Sauerkirschen gut abtropfen lassen (einige zum Garnieren zurücklassen), mit der Sahnecreme abwechselnd in Dessertschalen schichten. Die oberste Schicht muss aus Sahnecreme bestehen.

6. Die Schwarzwälder Kirschcreme mit der zurückgelassenen Sahne verzieren, mit den restlichen Kirschen und der Schokolade garnieren.

DIE ZUTATEN:

3 PCK. PUDDINGPULVER
SAHNE-GESCHMACK
6 SCHWACH GEH. EL
ZUCKER
1½ l KALTE MILCH
125 ml (⅛ l) RUM
200 G KLEIN GESCHNIT-
TENE SCHOKOLADE
(ETWAS ZUM GARNIEREN
ZURÜCKLASSEN)
750 ml (¾ l) SCHLAG-
SAHNE
3 PCK. SAHNESTEIF
3 PCK. VANILLIN-ZUCKER
COCKTAILKIRSCHEN

HERRENCREME *(FOTO)*

1. Puddingpulver mit Zucker und 125 ml von der Milch anrühren, die übrige Milch zum Kochen bringen, von der Kochstelle nehmen, das angerührte Puddingpulver unterrühren, kurz aufkochen lassen.

2. Pudding kalt stellen, ab und zu umrühren. Unter den erkalteten, aber noch nicht fest gewordenen Pudding Rum und Schokolade rühren.

3. Sahne ½ Minute schlagen. Sahnesteif mit Vanillin-Zucker mischen, einstreuen, die Sahne steif schlagen.

4. Etwa ⅔ davon unter den Pudding heben, die restliche Schlagsahne in einen Spritzbeutel füllen.

5. Die Herrencreme mit der zurückgelassenen Schokolade garnieren, mit der restlichen Schlagsahne aus dem Spritzbeutel verzieren, mit Cocktailkirschen garnieren.

DIE ZUTATEN:

4 MITTELGROSSE ÄPFEL
2 KLEINE MANGOS
4 NEKTARINEN
3 MITTELGROSSE
ORANGEN
4 KIWIS
400 g ERDBEEREN
5 EL ZITRONENSAFT
5 EL ORANGENSAFT
ODER ORANGENLIKÖR
80 g ZUCKER
100 g ABGEZOGENE,
GEHOBELTE MANDELN

Tipp:
Dazu schmeckt Schlag-
sahne (nach Belieben
mit Eierlikör abge-
schmeckt) oder Vanille-
sauce. Die Zutaten für
den Obstsalat können
natürlich variieren und
sollten der Saison
angepasst sein.

OBSTSALAT

1. Äpfel schälen, vierteln und entkernen. Mangos schälen, halbieren und das Fruchtfleisch vom Stein lösen. Nektarinen waschen, abtrocknen, halbieren und entsteinen.

2. Orangen schälen und in Spalten teilen. Kiwis schälen. Das vorbereitete Obst in kleine Stücke oder Spalten schneiden. Erdbeeren waschen, gut abtropfen lassen, entstielen und in Stücke schneiden.

3. Das Obst mit Zitronensaft, Orangensaft oder Orangenlikör und Zucker vermengen und in eine Glasschale füllen.

4. Mandeln in einer Pfanne ohne Fett rösten und den Obstsalat damit bestreuen.

MOKKA-PARFAIT

1. Eigelb mit Zucker in einer Schüssel im heißen Wasserbad mit Handrührgerät mit Rührbesen etwa 8 Minuten schaumig schlagen. Kaffee in Wasser auflösen und unterrühren. Die Masse erkalten lassen, dabei ab und zu durchschlagen.

2. Sahne mit Vanillin-Zucker steif schlagen (4 Esslöffel zum Verzieren in einen Spritzbeutel mit gezackter Tülle füllen) und unter die Eigelbmasse ziehen.

3. Die Masse in eine mit Frischhaltefolie ausgelegte Form füllen und im Gefrierfach in 3–4 Stunden gefrieren lassen.

4. Das Mokka-Parfait aus der Form stürzen, die Folie abziehen, das Parfait in Scheiben schneiden, mit der zurückgelassenen Sahne und Kakaopulver verzieren.

DIE ZUTATEN:

8 EIGELB (GRÖSSE M)
200 g ZUCKER
2–3 EL INSTANT-KAFFEE
2 EL HEISSES WASSER
750 ml (³/₄ l) SCHLAG-SAHNE
2 PCK. VANILLIN-ZUCKER
ETWAS KAKAOPULVER

Tipp:
Statt eines Mokka-Parfaits kann auch ein Zimt-oder Vanille-Parfait zubereitet werden: Für Zimt-Parfait 1-2 Esslöffel gemahlenen Zimt statt des Instant-kaffees nehmen, für Vanille-Parfait das Mark von 2 Vanilleschoten.

DIE ZUTATEN:

200 g LÖFFELBISKUITS
300 ml ESPRESSO
(STARK GEKOCHT)
2 EL ORANGENLIKÖR
6 EIGELB
60 g ZUCKER
2 PCK. VANILLIN-ZUCKER
500 g MASCARPONE
6 EIWEISS
10 g KAKAOPULVER

TIRAMISU *(FOTO)*

1. Die Hälfte von den Löffelbiskuits in eine große flache, rechteckige Auflaufform legen. Espresso mit Orangenlikör mischen, die Löffelbiskuits mit der Hälfte der Flüssigkeit tränken.

2. Eigelb mit Zucker, Vanillin-Zucker mit Handrührgerät mit Rührbesen schaumig rühren, nach und nach esslöffelweise Mascarpone unterrühren.

3. Eiweiß steif schlagen, unter die Mascarponemasse heben.

4. Die Hälfte der Creme auf die Löffelbiskuits in der Form geben, die andere Hälfte der Löffelbiskuits darauf schichten, mit der restlichen Espresso-Likör-Mischung tränken, die restliche Creme darüber geben. Die Speise mit Kakaopulver bestäuben, vor dem Servieren kalt stellen.

Tipp:
Tiramisu am besten am Vortag zubereiten und über Nacht kalt stellen. Statt Orangenlikör Amaretto (Mandellikör) nehmen.

DIE ZUTATEN:

3 SCHWACH GEH. TL
GEMAHLENE GELATINE,
WEISS
6 EL KALTES WASSER
6 EIGELB
6 EL HEISSES WASSER
225 g ZUCKER
ABGERIEBENE SCHALE
VON 1 ZITRONE
(UNBEHANDELT)
150 ml ZITRONENSAFT
6 EIWEISS
375 ml (³/₈ l) SCHLAG-
SAHNE
12 HALBIERTE MARA-
SCHINOKIRSCHEN

ZITRONENCREME

1. Gelatine mit etwas Wasser in einem Topf anrühren, 10 Minuten zum Quellen stehen lassen.

2. Eigelb mit heißem Wasser schaumig schlagen, nach und nach Zucker unterschlagen, so lange schlagen, bis eine cremeartige Masse entstanden ist.

3. Zitronenschale mit Zitronensaft unterrühren. Die gequollene Gelatine unter Rühren erwärmen, bis sie gelöst ist, zunächst 3 Esslöffel der Eigelbmasse hinzufügen, verrühren, die Gelatinemasse unter die übrige Eigelbmasse schlagen, eventuell kalt stellen.

4. Eiweiß steif schlagen. Sahne steif schlagen. Wenn die Masse anfängt dicklich zu werden, beide Zutaten (etwas Schlagsahne zum Verzieren zurücklassen) unterheben.

5. Creme in eine Schale oder in Dessertgläser füllen, kalt stellen, damit sie fest wird, mit der zurückgelassenen Schlagsahne verzieren, mit Maraschinokirschen garnieren.

DIE ZUTATEN:

FÜR DIE GRÜTZE:
3 kg ERDBEEREN
2 l WASSER
ZITRONENSCHALE VON
2 ZITRONEN
(UNBEHANDELT)
250 g ZUCKER
250 g PERL-SAGO
ZUCKER

FÜR DIE VANILLESAHNE:
750 ml (¾ l) SCHLAG-
SAHNE
VANILLIN-ZUCKER ODER
1 VANILLESTANGE
ZUCKER

ERDBEER-GRÜTZE MIT VANILLESAHNE

1. Für die Grütze Erdbeeren vorsichtig waschen, gut abtropfen lassen, entstielen, ¼ der Früchte beiseite stellen. Die übrigen Früchte mit Wasser in einen Kochtopf geben, zum Kochen bringen, auf ein gespanntes Tuch geben, damit der Saft ablaufen kann.

2. Den Fruchtbrei nach dem Erkalten kräftig auspressen, den Saft mit Wasser auf 3 l Flüssigkeit auffüllen, mit Zitronenschale und Zucker zum Kochen bringen.

3. Sago unter Rühren einstreuen, zum Kochen bringen, in etwa 20 Minuten ausquellen lassen. Die Zitronenschale entfernen, die zurückgelassenen Erdbeeren hinzufügen.

4. Die Grütze zum Kochen bringen, 1–2 Minuten kochen lassen, eventuell mit Zucker abschmecken, in eine Schüssel oder Portionsschälchen füllen, erkalten lassen.

5. Für die Vanillesahne Sahne mit Vanillin-Zucker abschmecken oder die Sahne mit dem ausgekratzten Mark von der Vanillestange verrühren, mit Zucker abschmecken, getrennt zu der Grütze reichen.

QUARKSCHICHTSPEISE

1. Quark und Crème double mit Zucker verrühren und in zwei Portionen teilen. Eine Hälfte mit Zitronensaft vermischen, die andere mit Blutorangensaft verrühren. Nach Geschmack noch etwas Zucker hinzufügen.

2. Zwei hohe Glasschüsseln (je etwa 1 l Inhalt) mit je einem Viertel der Löffelbiskuits auslegen und mit je 2 Esslöffeln Maracujasaft beträufeln.

3. Die Hälfte der Blutorangencreme auf die Löffelbiskuits streichen, wieder mit einem Viertel Biskuit belegen, mit Saft beträufeln und die Zitronencreme darauf verteilen. Wieder Biskuit, Orangencreme, Biskuit und schließlich Zitronencreme einschichten. Dabei die Biskuits mit je 2 Esslöffeln Saft beträufeln. Die Speise mit Frischhaltefolie zudecken und mindestens 3 Stunden gut kühlen.

4. Zur Dekoration Sahne mit Zucker steif schlagen und in großen Tupfern rundherum auf die Creme setzen. Mit einem Zestenreißer oder einem scharfen Messer von der Orange die Schale in dünnen Fäden reißen oder schneiden und auf die Tuffs streuen.

DIE ZUTATEN:

1 kg MAGERQUARK

250 g CRÈME DOUBLE

150 g ZUCKER

100 ml ZITRONENSAFT

100 ml BLUTORANGEN-
SAFT (FRISCH GEPRESST
ODER FERTIG GEKAUFT)

300 g LÖFFELBISKUIT

200 ml MARACUJASAFT

250 ml (¼ l) SCHLAG-
SAHNE

2 TL ZUCKER

2 ORANGEN
(UNBEHANDELT)

Tipp:
Statt der Schale kandierte Orangenscheiben vierteln und auf die Tuffs setzen. Wenn der Blutorangensaft nicht genügend färbt, die Creme mit Rote-Bete-Saft oder Erdbeersirup färben.

RATGEBER

Die Rezepte sind, soweit nicht anders vermerkt, für **12 Portionen** berechnet. Dabei ist es so gedacht, dass es zu einem Hauptgericht auch noch eine Beilage gibt oder die Suppe nur ein Bestandteil des Essens ist. Wollen Sie nur Suppe anbieten, reicht es nicht unbedingt für 12 Portionen. Um die Mengen allgemein kalkulieren zu können, ist die nebenstehende Tabelle als Hilfe gedacht.

Ein **Termin- und Arbeitsplan** kann die Arbeit erleichtern. Je aufwendiger die Einladung und je größer der Rahmen ist, desto genauer sollten Sie planen – allein schon, um selbst einen kühlen Kopf bewahren zu können. Stellen Sie einen Zeitplan auf und tragen Sie alles, was an Vorbereitungen nötig ist, in Ihren Zeitplan ein. Zum Beispiel: Einladung, Hilfe beim Vorbereiten, Lebensmittel- und Getränkeeinkauf, Geschirr, Tischdekorationen, Blumen, Kochvorbereitungen usw. Sobald die Anzahl der Gäste feststeht, sollten Sie die **Auswahl der Rezepte** vornehmen. Dann können Sie nämlich auch in Ihrem Arbeitsplan konkret festhalten, welche Speisen schon 1–2 Tage vorher zubereitet werden können und welcher Arbeitsaufwand noch für den Tag der Party bleibt. Je größer die Runde ist, desto mehr sollten Sie schon im Vorfeld vorbereiten, meist fällt am Tag der Party noch genug Arbeit an. Außerdem wollen Sie ja auch Spaß an Ihrer Party haben und nicht erschöpft auf ein baldiges Ende der Feier hoffen! Viele der Rezepte lassen sich schon sehr weit vorbereiten und müssen dann kurz vor dem Verzehr nur noch erwärmt werden oder können im Backofen bei 50–70 °C warm gehalten werden. Bei den Rezepten ist oft vermerkt, bis zu welchem Arbeitsschritt vorgearbeitet werden kann. Die vorbereiteten Speisen müssen unbedingt zugedeckt und gut gekühlt aufbewahrt werden, damit es, besonders im Sommer, keine bösen Überraschungen gibt.

Bei der Auswahl der Rezepte sollten Sie auch überschlagen, ob Sie ausreichend Backbleche oder Auflaufformen zur Verfügung haben. Gegebenenfalls welche ausleihen oder auf eine andere Rezeptauswahl ausweichen.

Wichtig: Wenn mehrere, kleinere Auflaufformen verwendet werden, verkürzt sich auch die Garzeit. Bei der Auswahl des Desserts sollte auch überlegt werden, wieviel Arbeit für die Speisen vorher anfällt. Wenn für das Hauptgericht beispielsweise noch viel zu tun ist, sollte eher ein Dessert gewählt werden, das am Vortag fertig zubereitet werden kann.

Beilagen wie beispielsweise Emmentaler Käsekartoffeln oder Gefüllte Tomaten, überbacken, können nicht allzu lange vorher zubereitet werden. Besser ist es, zwei Auflaufformen zu nehmen und diese nacheinander in den Backofen zu schieben. So haben Sie immer frisch zubereitete Beilagen.

Zwei Auflaufformen können im Heißluftherd auf zwei Rosten gleichzeitig gegart werden. Wer keinen Heißluftherd hat, kann die Aufläufe nacheinander schon zur Hälfte der **Garzeit** vorgaren (außer bei Nudelgerichten), so dass sich die Garzeit bei der Feier um die Hälfte verkürzt. In sehr vielen Rezepten wird statt Auflaufformen eine Fettfangschale verwendet. Sie ist tiefer als ein Backblech und ist deshalb für große Mengen sehr praktisch. Wer keine Fettfangschale haben sollte, muss sich dann mit mehreren Auflaufformen behelfen. Auf jeden Fall darf die Fettfangschale nicht durch ein Backblech ersetzt werden, da sonst die Masse überlaufen könnte. Wer einen quadratischen Backrahmen hat, kann diesen aber auch um den inneren Backblechrand stellen und somit größere Mengen auf dem Backblech zubereiten.

Falls Ihnen **Reste** bleiben sollten und Sie am nächsten Tag nicht schon wieder Appetit auf die Speisen haben sollten, können Sie die meisten Gerichte einfrieren (je nach Menge vielleicht auch portionsweise). Bleibt z. B. etwas von der Spaghetti- oder Hackfleischpizza übrig, diese abgekühlt in eine Auflaufform geben und zugedeckt einfrieren. Vor dem nächsten Verzehr etwas antauen lassen, dann auf dem Rost in den kalten Backofen schieben und bei mittlerer Hitze aufbacken.

RATGEBER

Die **Getränkewahl** richtet sich nach den ausgewählten Speisen und natürlich dem Geschmack Ihrer Gäste: So bieten sich für italienische Gerichte auch italienischer Weiß- und/oder Rotwein oder Prosecco an. Dabei ist – bis auf Rotwein – zu bedenken, dass die Getränke gut gekühlt werden müssen. Eine Hilfe können in Supermärkten erhältliche Kühlmanschetten sein, die im Gefrierschrank aufbewahrt werden und in 5–10 Minu-

ten eine 0,75 l Sektflasche auf Trinktemperatur bringen und bereits gekühlte Getränke lange Zeit kühl halten. Aber auch Biertrinker sollten zu ihrem Recht kommen und natürlich müssen auch antialkoholische Getränke genügend vorhanden sein. Getränkemärkte vergeben Getränke übrigens auch in Kommission. So können Sie auf jeden Fall genug Getränke im Haus haben und es bleiben Ihnen keine großen Reste.

Mengenangaben

Durchschnittliche Mengen für 1 Portion

Suppe

als Vorspeise	150–200 ml
als Hauptgericht	500 ml

Blattsalat (Einkaufsgewicht)

als Vorspeise oder Beilage	40–50 g

Fisch

ganze Fische	300 g
Filets	150–200 g

Fleisch und Geflügel

mit Knochen	250 g
ohne Knochen	150–200 g
Hackfleisch	125 g

Gemüse (Einkaufsgewicht)

als Beilage	250 g
als Hauptgericht	400 g

Nudeln und Reis (roh gewogen)

als Beilage	50–75 g
als Hauptgericht	100–125 g

Kartoffeln (Einkaufsgewicht)

als Beilage	200 g
als Hauptgericht	350–400 g

Dessert   150 g

Brot als Beilage   100–150 g

Durchschnittliche Mengen für 20 Portionen (Buffet)

Kleine Häppchen	100 Stück
Suppe	4 l
Salat aus Nudeln, Reis, Kartoffeln	2 kg
Fleisch, Geflügel, Fisch	3 kg
Brot	3½ kg
Käse	2½ kg
Dessert (Obstsalat oder Creme)	4 kg

KAPITELREGISTER

HEYNE KOCHBUCH
07/2000

10. Auflage

Herausgeber: Genehmigte Lizenzausgabe für den Wilhelm Heyne Verlag, München, 2000

Copyright: © 2000 by Ceres Verlag, Rudolf August Oetker KG, Bielefeld

Titelgestaltung: Kontur Design, Bielefeld
Graphisches Konzept: Andrea Kelger, Bielefeld
Gestaltung: M·D·H Reiner Haselhorst, Bielefeld

Redaktion: Jasmin Gromzik, Antje Günther

Rezeptberatung: Annette Elges, Bielefeld

Fotos: Thomas Diercks, Hamburg
Ulli Hartmann, Bielefeld
Ulrich Kopp, Füssen
Fotostudio Toelle, Bielefeld
Brigitte Wegner, Bielefeld

Satz: Typografika, Bielefeld

Reproduktion: Mohn Media · Mohndruck GmbH, Gütersloh

Druck: Mohn Media · Mohndruck GmbH, Gütersloh

Printed in Germany

ISBN 3-453-17427-5